魯實先先生譔

假借遡原

弟子施人豪敬題

國家圖書館出版品預行編目資料

假借遡原 / 魯實先著. -- 初版 -- 臺北市：
文史哲, 民 62.10
面； 公分
ISBN 978-957-547-682-3（平裝）

820.23

假借遡原

著　者：魯　實　先
出版者：文史哲出版社
http:// www.lapen.com.tw
e-mail：lapen@ms74.hinet.net
登記證字號：行政院新聞局版臺業字五三三七號
發行人：彭　正　雄
發行所：文史哲出版社
印刷者：文史哲出版社
臺北市羅斯福路一段七十二巷四號
郵政劃撥帳號：一六一八〇一七五
電話886-2-23511028 · 傳真886-2-23965656

定價新臺幣五〇〇元

一九七三（民62）十月初版
二〇一三（民102）十月初版再刷

ISBN 978-957-547-682-3　81302

假借遡原敍

歲次辛巳，愚寓書長沙楊遇夫先生，言及六書假借，為造字準則。因舉不容之哨，所從肖聲乃小之借。行迹之謚，所從益聲乃易之借。乾革為靬，干乃乾之借。鹿子曰麛，魚子曰鮞，弭而并兒之借。訓确之獄，所從之言乃辛之借。話之籀文作譮，𠯑乃會之借。胑或作肢，只乃支之借。柄或作棅，丙乃秉之借。暱或作昵，匿乃尼之借。先生韙之，越二歲因擷鄙論，別益五十餘字，而作「造字時有通借證」一文見誥，愚以揭之復旦學報。歲在癸巳，先生集錄於「積微居小學述林」，愚復重印于臺灣。覈之舊說，小有更張，略無增損，斯爲晚年定論，以視初作，踰十一年矣。先生之說曰「名曰通借者，以別於六書之假借，及經傳用字之假借」，則與鄙見異趣。其於轉注，及形聲字必兼會意之恉，顧無一詞及之。且據許氏釋若咸壬農之說，而以若所從之右爲又之借，咸所從之戌爲悉之借，壬所從之士爲事之借，農所從之囟爲腦之借，是依許氏釋字之謬而言假借，固未達其初形也。越自籌惟此意，豈遘閔凶，避地急馳，倏經卅載，忘情冊府，時寄遐思，而靡見前賢時彥，於轉注假借，有通其義例者。夫不明轉注，則不知文字之孳乳。不明假借，則不知字形之衍變。蓋欲悉初形本義，而不審轉注假借，其道靡由也。觀夫汲宋以降之說彝銘者，清季以還之詁卜辭者，要皆比傅籀篆之形似以釋字，是未知構形相同，其聲義不必同揆也。卜辭文字固多緐省，古器款識亦富遷譌，自非綜觀諦察，無以辨決音義。非明轉注假借，無以討論然疑。不能囿於字形之相近者，而可斷其為一文也。爰於庚戌之晉，稽尋殷契彝銘，籀繹經傳字義，條次部居，以成假借遡原，而於辛亥仲夏刊諸大陸雜誌。綱紘雖設，取證猶疏，賡加繕修，始成定本。遡去創意之時，歷三十有二歲，而愚之載生已六十寒暑，違難臺灣，又二十三晉矣。延盱家邦，曷勝憤嫉。益自遜清以還，蔑棄周行，未遏衺說，致令粦火燎原，神州燬喪。切望承學之士，能明六書而通經史。多識前代言行，以開後世太平，孔子所謂殷周因禮，損益可知，固此意也。經維圮裂，是在通材，陶鑄通材，唯須熟諳舊典，明習文字，乃其造耑。遂接人文，緝熙萬載，益為捨茲莫屬。豈如劉歆之徒，謬偁之曰小學也哉。青龍癸丑季秋朔日魯實先父敘于臺北

假借遡原卷上

寧鄉魯實先譔

弟子王永誠敬書

漢書藝文志載劉向父子七略云「周官保氏掌養國子，教之六書，謂象形、象事、象意、象聲、轉注、假借，造字之本也」。此揭六書之名而弟其先後，實前於鄭眾之注周禮，許慎之敘說文，蓋稽之文字演進之序，校諸許氏次象形於指事之後，置形聲於會意之前，爲得理實，凡擘文字，而不蔽於許說者，舉知其然矣。

轉注一耑，自唐以降齗齗相爭，異論茲夥，大氐擿埴冥行，無一涉其藩籬。近人餘杭章炳麟說之曰「以文字代語言，各循其聲，方語有殊，名義一也。其音或雙聲相轉，疊韻相迆，則爲更制一字，此所謂轉注也」（國故論衡上）。其說信合許氏之黨言，鬭前修之貤謬矣。惟其釋說文敘所云建類一首曰「類謂聲類，首謂聲首」，則是名號雖殊，義無二致，許氏不當疊施二字同義，而逯促聲韻一隅，此審之文義，有以知其非然也。

蓋嘗考之，許氏所云「建類」者，謂形取同類而義通，其云「一首」者，謂聲必同原而音近，此證之同音轉注，有以知其兼晐形體也。若肉之與訥，呭之與詍，叫之與訆，嘘之與歔，嘆之與歎，諆之與欺，訢之與欣，歡之與懽，訦之與忱，諅之與忌，諽之與悈，諝之與㥠，譎之與憰，諸字或從口與欠，或從言與心，而其音義相同者，蓋以欠爲張口气悟，故欠與口通，口主言食，故口與言通，言者心聲，故言與心通。證之說文所載重文，若嘖之或體作謮，呦之或體作𣢴，喜之古文作歖，歌之或體作謌，歠之俗字作噈，謀謨之古文作㖼暮，誖𧦝之或體作悖愬，是知口欠言心相互通作也。又若越之與𨖅，趠之與逴，𧼮之與踣，赴之與𧿒，逾之與踰，進之與𢓊，𢓭之與踐，趯之與躍，諸字或從走與足，或從彳與辵，而其音義無異者，乃以走足彳辵皆主步趨，故爾通作。是猶說文所載重文，迹迒之或作蹟𨁎，延𨑥之或作征徂，往復之亦作𨓏退，近跟之亦作岓跟，爲一字之異體也。又若殺之與豛，敲之與摧，遺之與摜，退之與敗，音義相通者，證之說文所載重文，是猶遷道撫之古文作拪𩠐迆，扶揚播之古文作𢻸敭𢽾，亦以殳攴皆爲杖名（說文釋攴爲小擊，乃引申之義，說見說文正補。），辵手皆爲肢體，并主動作，故相通用也。又若僄之與嫖，傕之與婎，睨之與覞，瞟之與覭，音義并同者，乃以人女相通，目見同義。是猶說文所載重文𠍴之或作嫉，睹之亦作覩也。若斯之比其流實緐，是皆轉注之字，所謂形取同類而義通者也。其若訓穿之欑與鑽為轉注，從木作欑者，謂其所穿之木，從金作鑽者，謂其所穿之器。木金雖非同類，而於穿鑿之義，固亦纚屬相通。是猶槈枱之或作鎒鈶，槃鏝之亦作鎜槾，乃以槈枱與鏝之柄為木，其耑則金，承槃固多木作，或有銅制，是以縈結相附，此轉注之字所從形文，雖非同類，而亦義通。循知形取同類，固有廣隘之殊，證以重文，更僕難數。章氏僅主聲音而言轉注，是得其一蹊，而未知應會，此其所短也。即或形文睽隔，亦必義有岐旁。若諦之與媞，訕之與姍，從言從女窈不相聯，乃以媞姍別有它義，其初本爲數字，其後則以同音通假，因合數義爲一文（說詳下文）。而與諦訕同義者，所從之女乃語之借也。又若㛃之別一義爲俠，是乃俠之假借。縮之別一義爲蹴，是乃蹴之假借。蓋以俠非㛃之本義，蹴非縮之本義，其於引伸亦不相通。則不得謂㛃俠與縮蹴爲轉注。其或自象形指事而演化爲形聲者，斯未可一概以形聲之字律之矣。

所謂聲必同原者，謂轉注之字聲韻俱同，

不必聲文相合。若蓨苗同爲定紐幽攝，瘍痒同爲喻紐央攝，罛罟同爲見紐烏攝，頷顧同爲匣紐音攝，靜姘同爲從紐嬰攝，抲撝同爲曉紐阿攝，捫捪同爲明紐昷攝，姝殳同爲穿紐謳攝，是皆形聲字而聲文互異之同音轉注也。凡同音轉注之字，未嘗雜以方俗殊語，與古今音變，此必中夏雅言，爲一字異體。蓋以各遵雅言以構文字，是以結體雖殊，而音義無異，此同音轉注之所以肇興也。所謂音近者，或以方語差殊，或以古今音變，較之雅言有韻變而存其聲者，若東夷謂息爲呬，齊謂霰曰霄，息四散肖同爲心紐。關東曰逆，關西曰迎，逆迎同爲疑紐。燕代東齊謂信曰訦，訦諶同爲禪紐。齊謂臞爲脙，臞脙同爲羣紐。秦名屋櫋聯曰楣，櫋楣同爲微紐。楚人謂藥毒曰痛瘌，朝鮮謂藥毒曰癆，瘌癆同爲來紐。齊魯謂燕爲乙，燕乙同爲影紐。是皆雙聲轉注而見於方言者也。有聲變而存其韻者，若齊謂芋爲莒，秦謂鬻爲雅，芋莒鬻雅并同爲烏攝。南陽謂霖曰䨙，霖䨙同爲音攝。楚謂女弟曰媦，妹媦同爲威攝。周謂餉曰饟，餉饟同為央攝。齊謂多為餜，謂麥為秣，晉趙謂迻為迣，多餜迻迣同為阿攝，麥秣同為噫攝。河內名豕為希，齊謂蛭為蟣，豕希蛭蟣同為衣攝。是皆疊韻轉注而見於方言者也。考之殷栔卜辭，及西周彝器，多見逆燕多麥四字，而未一見迎乞餜秣四字。卜辭金文多見來為往來之義，而未一見來麰之義。是其云逆燕多麥者，乃中夏之雅言，其云迎乞餜秣者，為方俗之殊語。葢以諸方制字，各適語音，而又承中土雅言，微有遞變，故爾有雙聲轉注，與疊韻轉注也。自餘轉注者，或為古今音變，或為方國異言，殆難剖析矣。要之所謂轉注者，構形雖異，而聲義相同，亦若水之轉相灌注，易地則方圓有別，而質量不殊，此所以名之曰轉注也。其若燕謂聿為弗，淮南謂姐為社，而弗無聿義，社無姐義，是乃音轉之假借。如斯之屬，未造本字，宜其形不相諧。異乎燕乙豕希之皆為象形，逆迎迾迣之皆為從辵，芋莒之皆為從艸，妹娟之皆為從女，固不得謂為轉注也。

夫文字必須轉注，厥有二耑，其一爲應語言變遷，其二爲避形義殽掍。其避形義殽掍者，或增易形文，或增易聲文。若臾爲蕢之古文（說文艸部），形似古文之寅，故自臾而孳乳爲蕢。凵爲筁之古文（說文凵部），形似張口之凵，故自凵而孳乳爲筁。鞈爲鼛之古文（說文鼓部），與防汗之鞈同，故自鞈孳乳爲鼛。恁爲餁之古文（說文食部），與下齎之恁同，故自恁孳乳爲餁。𠃋爲厷之古文（說文又部），乙爲鳦之古文（說文乙部），其形并似鉤識之乙，亦似魚目骨之乙（乙爲魚目骨，見禮記內則。），故自𠃋孳乳爲厷，自乚孳乳為鳦。其若鹿鳴之𣢑或作呦說文口部，以別於愁皃之𣢑說文欠部。遠界之冂古文作同說文冂部，以別於訓覆之冖說文冖部。艸木妄生之㞷古文作𡉚說文㞢部，以別於古文之封說文土部。捕鳥覆車之輟或作罬說文网部，以別於車缺復合之輟說文車部。蟲名之蝥或作𧑄說文蟲部，以別於盤蝥之蝥說文虫部。絫土為牆壁之厽孳乳為垒說文厽部，以別於古文之壘晶為壘之初文，卜辭作◇◇◇，其形與厽相近。。是皆增易形文，以避字形相掍者也。𠚕為齒之古文，形似舂米之臼說文齒部臼部，故篆文從止聲作齒。鐘鼓之鼓形似擊鼓之鼔（說文鼓部攴部），故籀文從古聲作𡔷。小流之巜形似訓流之乚（說文巜部乚部），故篆文從犬聲作畎。訓稷之𪏰或作秶，以別於穫刈之穧（說文禾部）。浮水之汓或作泅，以別於古文之没（說文水部）。訓順之孌篆文作嫡，以別於訓慕之孌（說文女部）。城垣之𩫏篆文作墉（說文土部），以別於民所度居之𩫏（說文𩫏部）。是皆增易聲文，以避字形相掍者也。考之彝銘，畐酉形近，或難審知，是以葍當轉注，而從富聲作當者，所以示別於縮酒之莤也（莤見說文酉部）。福於戠者鼎從北聲作祡（三代四卷二葉），於周乎卣則增北聲作[illegible]（三代十三卷四十葉，乃以示異於燎祭之禉也，禉爲槱之或體，見說文木部．。可徵增易聲文，以免字形錯亂，其來尚矣。亦有本字借爲它義，歷年彌永，借義專行，因復造一字，俾異借義者。若帝乃從不象華蔕之形，而於卜辭即借爲上帝之義上帝之名見後編上二八．一四片，甲編一一六四片．，故自帝而孳乳爲瓜當之蔕。祝於卜辭多省作兄，故彝銘於父兄之字，或從㞷聲而作⿺兄㞷三代一卷八葉嘉賓鐘，二十九葉子璋鐘，五十四葉沇兒鐘，六十四葉王孫遺者鐘，十卷二十二葉尗家父簠，十八卷三葉姑馮句鑃，金索卷一邾王子旃鐘．。訓鼻之自借爲自從，故後起之字從畀聲作鼻。瑞麥之來借爲往來，故自來孳乳爲麥與秾。相背之韋借爲皮韋，故自韋孳乳爲違與韍。無於卜辭作，般甗作（三代五卷十一葉），無㠱𣪕作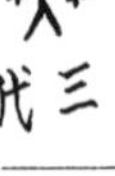（三代九卷一葉至三葉凡四器），俱爲從大，象執旄羽而舞之形，以其借爲有亡之亡，故自無孳乳爲舞。夕於卜辭與月通作，故自夕孳乳爲夜。訓樂之豈借爲語詞，故自豈孳乳爲愷（說文豈部心部）。艾灼之久借爲永久，故自久孳乳爲灸（說文久部火部）。乾肉之昔借爲夙昔，故自昔孳乳爲⿱昔月（說文日部）。㱿皮之康借爲安康，故自康孳乳爲穅（說文禾部）。饙米之氣借爲雲气

，故自氣孳乳爲餼說文米部。頭矢之頃借爲少頃，故自頃孳乳爲傾說文匕部人部。相乖之北借爲南北，故自北孳乳爲背說文北部肉部。皮衣之求借爲祈求，故自求孳乳爲裘說文裘部。對食之卿借爲公卿，故自卿孳乳爲饗說文卯部食部，說亦見下文。。飯器之匚借爲匡正，故自匡孳乳爲筐說文匚部。聿借爲發語之詞，云借爲言詞之曰，故自聿云孳乳爲筆雲說文聿部雲部。其它借爲指偁之詞，故自其它孳乳爲箕蛇說文箕部它部。亦或借爲相介之詞說文亦部戈部，故自亦或孳乳爲掖國說文手部口部。由於卜辭作，父丁尊作

三代十一卷三十葉，乃象兜鍪之形，假爲自從之義，故復孳乳爲冑或䩜說詳殷絜新詮釋由。且爲宔之象形，而又假爲語詞，故自且孳乳爲祖。己於卜辭作己，乃笄之象形。庚於婦庚卣作三代十二卷五十七葉，案它器與此同形者，則有三代二卷六葉庚鼎、四十八葉庚冊父癸鼎、六卷十五葉庚父辛彝、十二卷九葉䖒父辛壺、十四卷三十葉庚冊父庚觚、十六卷三十四葉庚冊父丙爵．，乃斿之象形。癸於父己鼎作三代三卷二葉案它器與此同形者，則有三代五卷七葉癸父乙甗、十八葉癸亞祖辛父甲甗、十二卷四十八葉癸父乙卣．，乃戣之象形。寅於克鐘作三代一卷二十一葉，師奎父鼎作三代四卷三十四葉，案它器與此同形者，多不勝數．，乃從臼夫

，以示開弓發矢，而爲引之初文。卯於卜辭作[illegible]，彝銘作[illegible]，乃從二卩以示合卩易財，而爲貿之初文。辰於卜辭作[illegible]，乃蜃之象形。午於卜辭作[illegible]，乃杵之象形。申於卜辭作[illegible]，乃紳之象形。酉自卜辭以至篆文，俱象酒器之形，而爲酒之初文。戌於卜辭作[illegible]，乃戚之象形，後起字從尗聲作[illegible]三代十四卷四十九葉[illegible]奇觚十八卷七葉，案二觶同文異范，三代所錄者，乃漢陽葉志詵所藏。奇觚所錄者，乃蕭山瞿世瑛所藏。，所以示別於戉戊二文也。篆文作戚者，尗乃尗之譌變。自己庚而雙聲孳乳爲𢍏旂，自癸以次，俱益形文，而同音孳乳為戠貿蜃杵神酒。引乃從弓之合體指事，非從弓丨會意，而與寅為轉注者，以弓矢同類，故可互通。是皆或增形文，或益聲文，或變體為指事，乃以別於日辰之名也。者於卜辭作[illegible][illegible]或[illegible]，於彝銘作[illegible][illegible]或[illegible]，并象亨飪烝氣之形，而為鬵之初文，以者假為別事之詞，故自者孳乳為鬵（說詳殷絜新詮釋者）。不於卜辭作[illegible][illegible][illegible]，於子不爵作[illegible]（三代十五卷三十一葉），并象華開之形，小雅常棣云「鄂不韡韡」（說文雩部引鄂作萼，韡作韡），謂萼開之茂盛，斯乃不之本義。以不與勿弗俱假為非然之義，故自不孳乳為茀見說文艸部，自勿弗孳乳為㫚𢏏㫚為勿之或體，見說文勿部。𢏏為弼之或體，見說文弜部。準斯而論，自帝以次，率增形聲，俾其異於假借，此必有賴轉注，以避字義相掍者也。以轉注之字，形須同類，聲則同原，故亦不忌形聲重贅。若福於周乎卣增北聲作⿱⿰畐北示引見上文，是重聲文以別於燎祭之⿰礻酉也。弗本從弓以示矯弓之義說文釋弗從丿乀從韋省，其說非是，說見文字析義。引伸則為輔弼之名，而又從弓作𢏏，是重形文以別於非然之弗也。若斯之屬，猶告之孳乳為誥，步之孳乳為踄，沓之孳乳為誻，[illegible]之孳乳為[illegible]，舁之孳乳為舉，爰之孳乳為援，皆為後起重形之字。可證文字因轉注而日緐，非唯適應語言，且以勢別形義，斯乃造字之法，不可偏廢，此固先民有意為之者也。以文字因轉注而滋多，遂有初為一文，其後歧為數字者。若監從臥皿，以示浴身（說見文字析義），古者以水監頟，故自監孳乳為[illegible]及覽，亦自監而雙聲孳乳為觀，監有金作，故復孳乳為鑑，說文釋監為臨下者，乃其引伸之義也。彝銘多見「蔑曆」之文，蔑讀如勉，曆讀如謙，義謂勉於敬事，及某人嘉勉某人之敬事也。自蔑而雙聲孳乳爲敃、敄、忞、慔，以及愐、懋，勱、勉，致令諸字，或韻有乖離，或聲不兼義。如此之流，構字者爲遵語言，故昧本字。解詁者未明初義，因施異詮。綴文者增華詞藻，或疊同義之字而飾句，或重聲近之字而調音，是皆肇自東周，盛行戰國，其於轉注，亦緐於東周。此考之彝銘，徵之典冊，可以審辨其原流與遷化者矣。

說文之敘假借曰「本無其字，依聲託事，

令長是也」。據義求之，若蓋爲覆苫，則爲等畫，焉爲鳥名，雖爲蟲名，亦爲臂下，也爲女侌，而經傳并假爲語詞。夫爲丈夫，女爲婦人，而義爲須，汝義爲水，爾爲靡麗之名，若爲順服之義（爾雅釋言云若順也，是乃若之本義，說見說文正補。），而經傳皆假爲偁人之詞。如此之類，覈之聲韻，非它字之假借，求之義訓，非本義之引伸，斯正「本無其字，依聲託事」之例，是乃用字假借。其於造字假借，亦有此例，是許氏所釋假借，義失明闢，未可厚非者也。秦漢官名有曰縣令者，謂其爲一縣發號之官，其曰縣長者，謂其爲一縣萬民之長，是乃令長之引伸義，而許氏誤以引伸爲假借。它若鳥部載鳳之古文作朋，其說曰「鳳飛羣鳥從以萬數，故以爲朋黨字」。於來部釋來曰「周所受瑞麥來麰也，天所來也，故爲行來之來」。於韋部釋韋曰「韋相背也，獸皮之革可以束物，枉戾相韋背，故借以爲皮韋」。於勿部釋勿曰「勿州里所建旗，所以趣民，故遽偁勿勿」。於能部釋能曰「能獸堅中，故偁賢能」。於圅部釋圅曰「日在圅方而鳥棲，故因以為東西之卥」。是未知悤遽之勿乃率之假借，賢能之能乃協之假借，來為往來，韋為皮韋，西為東西，并為無本字之假借，而許氏皆誤以假借為引伸。若夫鳳之與朋，自殷契卜辭及西周彝器，并劃然二字，與說文所載古文之朋，無一形似，而乃以朋黨之義釋古文之鳳，益為謬戾。所謂引伸者，乃資本義而衍繹，所謂假借者，乃以音同而相假，是其原流各異，而許氏乃合為同原，此近人所以有引伸假借之謬說，益不可據以釋六書之假借也。藉如許氏之說，則苟之借爲苟且，牢之借爲堅牢，足之借爲滿足，要之借爲重要，舊之借爲新舊，久之借爲永久，柰之借爲柰何，采之借爲文采，豫之借爲猶豫，所之借爲所以，兆之借爲億兆，萬之借爲千萬，如斯之屬，爲數不尠，又將何所說乎。它若古文以屮爲艸，以丂爲亏（見說文屮部丂部），此乃古之省體，又若古文以汓爲沒（見說文水部），此乃構形相同，聲義殊絕，舉非引伸與假借。或曰「許氏所云令長乃令良之譌」（見說文詁林補遺吳敬恆敘），信如其言，是亦用字假借，而非造字假借也。夫六書之名始載周禮，循名覈實，而以六書皆造字之本者，明著於劉氏七略，以劉氏父子領校祕書，無所不究，生逢成哀之世，亦遺書大備之時，及見舊說軼聞，遠過西京兵燹之後，宜其陳義高衢，眇合先民徵指。然則轉注假借，而與象形指事駢列為六書者，其必如劉氏所言，為造字之準則，而非用字之條例，憭無疑昧者矣。休寧戴震未悉玄軼，乃謂「綱領之正宜從許氏」見戴東原集卷三六書論序，因據許敘而謬為四體二用之說見戴東原集卷三荅江慎修書。自段玉裁以次，踵武張揚，以是而嘵聒百年，至今不絕也。

後人亦有躄七略之説，而言假借爲造字之法者，然皆立論乖頗，無一知其趨嚮，是固無庸毛舉具駁。其於創通義例，以拓迹開統者，則尤戳然未聞也。夫文字孳乳，自象形、指事，而衍爲會意、形聲，自形聲締造，既有形文以示類意，復綴聲文，以昭嫥恉，同類則含弘萬品，一字而聲義俱晐，因是曼衍孳生，可以御萬物而無滯，歷億載而常新，信乎爲六書之極詣，識字之總龜，此固中夏文字所以焜燿寰宇，而莫之與倫者也。許氏未知形聲必兼會意，因有亦聲之說。其意以爲凡形聲字聲文有義者，則置於會意而兼諧聲，是爲會意之變例。凡聲不兼義者，則爲形聲之正例。斯乃未能諦析形聲字聲不示義之恉，是以於會意垠鄂不明，於假借之義，益幽隱未悉也。蓋嘗遠覽遐較，博稽隊緒，而後知形聲之字必以會意爲歸。其或非然，厥有四類。

一曰狀聲之字聲不示義。若玉聲曰玲瑲玎

琤，鼓聲曰隆鼕鼘鼞鼛，水聲曰浛濞濟淪，金聲曰鍠鎗鏓錚，兒聲曰呱啾喤，虎聲曰虩虓虒，兒泣曰咺嘵咷喑，笑聲曰咥啞噱唏，鳥鳴曰喈嚶，雞聲曰喔吭，豕驚曰哮，鹿鳴曰呦，使犬曰嗾，呼雞曰喌，相謂曰咄，言閉曰戢，語聲曰嘫，大笑曰唪，雉鳴曰雊鷕，豕息曰豷豧，戶樞聲曰官，新衣聲曰裻，門聲曰閣，屋響曰宏，雨聲曰霣，風聲曰颯，竹聲曰劉，車聲曰轃，石聲曰硞、硍、礐、磕，犬吠曰猩、狠、獿、狾，犬鬬聲曰獾，伐木聲曰所。它若禽之雞、雁、鶚鴈，鴚、鵝、鷙鸊見說文隹部鳥部，獸之孟極、幽頞、足訾、領胡見山海經北山經，案山海經所記鳥獸，其因鳴聲而名者，自南山經以至中山經，凡三十五見。亦有魚類因聲爲名者，東山經云深澤有魚，名曰鮯鮯之魚，其鳴自叫是也。，是皆因聲立名，凡其聲文，唯以肖聲，無取本義，是以陳仲子名鵝曰鶂見孟子滕文公下篇，良以我兒音近，故相通作。此所謂狀聲之字聲不示義者也。其若分骨聲曰劀，齧骨聲曰䶯，㫗怒聲曰听，蹈瓦聲曰㼱，則其諧聲，皆示所以發聲之義，異乎狀聲爲字者矣。听㼱聲義未能允協者，后乃㫗之借，耎乃躔之借借也。

二曰識音之字聲不示義。所謂識音之字，別其畦町，蓋有二類，其一附加聲文，其二名從異俗。所謂附加聲文者，考之重文，若玨之作瑴見說文玨部，𦤎之作嗌口部，衕之作衙行部，𠦬之作攀𠦬部，看之作𥆖目部，羴之作羶羴部，舄之作鵲烏部，刅之作創刃部，个之作箇竹部，舛之作踳舛部，苿之作釫木部，𡈝之作囿口部，㬥之作𣋐日部，采之作穗禾部，市之作韍市部，皃之作貌皃部，鬽之作魅鬼部，岳之作嶽山部，厂之作厈厂部，麀之作⿸鹿幽鹿部，浾之作涏赤部，尢之作尵尢部，瀕之作沬水部，冰之作凝仌部，癸之作𦾺癸部，弓之作彈弓部，弓字依段注訂。，凷之作塊土部，処之作處几部，叀之作轉車部，辡之作辥，辭之作嗣辛部，簋之作𠥩匭竹部，网之作罔網网部。徵之轉注，若𦬁之孳乳為咽嗢，启之孳乳為開闓，走之孳乳為趨趣，𣥠之孳乳為跛尯，林之孳乳為藩籓，寍之孳乳為定廮，火之孳乳為焜燬，𪚴之孳乳為爕熸，炎之孳乳為欿煔，惠之孳乳為欶怮，至之孳乳為到迣，因之孳乳為攝摭拈，亦之孳乳為胳胠掖，口之孳乳為噭，吉之孳乳爲禖，革之孳乳爲鞹，隶之孳乳爲隸（隸從柰聲，柰屬心紐，隸則音轉定紐，與隶爲雙聲。），夌之孳乳爲⿰夌見，幼之孳乳爲詏，別之孳乳爲髀，厺之孳乳爲朅（厺乃從大從口會意，說見說文正補。），缶之孳乳爲䍃，丰之孳乳爲菶，晶之孳乳爲曐（晶乃曐之初文，說見說文正補。），田之孳乳爲擐，片之孳乳爲版，釆之孳乳爲遴，兼之孳乳爲拼，寒之孳乳爲涵，眉之孳乳爲⿰鼎彔，辟之孳乳爲⿰卯阝，禺之孳乳爲猴，囷之孳乳爲圓，忍之孳乳爲懟，頻之孳乳爲顰，泉之孳乳爲⿱緐泉，卤之孳乳爲鹽，閑之孳乳爲闌，閉之孳乳爲閎，閎之孳乳爲娊，好之孳乳爲媢，民之孳乳爲氓，亾之孳乳爲無，凵之孳乳爲凶，糸之孳乳爲緬，亟之孳乳爲鞕案鞕義爲恐，則當爲從亟革聲，革乃識音之文，猶緬從面聲，面乃糸識音之文。革亟古音同部，故說文誤以爲從革亟聲也。，凷之孳乳爲⿳亠田丰，畺之孳乳爲⿰田几，斬之孳乳爲劖，斷之孳乳爲斦斷斲，大與介疊韻，故自大而孳乳爲夰，大與同戙屯雙聲，故自大而孳乳爲侗𢧀奄，一聲之轉，則又自大而孳乳爲奃，凡此皆自象形、指事，或會意而衍爲形聲。所以然者，蓋以象形指事結體准簡，附以聲文，俾知音讀。或以本字形似它字，或以本字借爲它義，因是改益形聲，以示形義有別。或以方俗殊語，略異中夏雅言，亦增聲文，期與方言相合。若齊謂多爲夥，是亦承多而孳乳，惟以發聲略異，故從果聲而作夥，所以期與方言相合也。又若龏從龍聲，而復從兄聲作龔見三代一卷十一葉戱狄鐘，六十二葉龕公𨟭鐘、六卷四十七葉禾彝，八卷四十六葉陳肪毁，九卷三十三葉秦公毁，十卷二十四葉龕大宰簠，三十九葉曼龏父盨．，揚從昜聲而復從王聲作䰞見三代四卷三十六葉善鼎，八卷四十七葉小臣宅毁，九卷二十五葉大毁，十二卷十二葉保侃母壺，十七卷十八葉寰盤，商周金文錄遺三圖沕其鐘。或作䰞，見三代四卷二十三葉史獸鼎，十三卷四十四葉䵲卣。或作䵲，見三代一卷五十八葉虢叔旅鐘，四卷三十四葉師奎父鼎，無叀鼎，三十五葉師望鼎，三十七葉頌鼎，四十一葉克鼎，八卷三十五葉彔毀，五十葉萬毀，五十三葉師遽毀，九卷一葉無㠱毀，五葉追毀，十八葉豆閉毀，二十九葉師虎毀，三十葉師𠓝毀，十卷四十四葉善夫克盨，十二卷二十九葉召壺，十三卷四十一葉靜卣，四十三葉彔卣。，冥從冂聲而復從黽聲作䵲者見說文冥部，蓋以古今音變，或以方俗語殊，求應語言，故爾緐緟聲文。此識音之字聲不示義者一也。所謂名從異俗者，胡越蠻夷地絕中夏，物產魁殊，語言倬詭，先民耳目所及，因亦隨事立名。其於獸也，若北野之馬曰騊駼，南越之犬曰獿獀，其於魚也，若薉邪頭國之鯢魵，樂浪潘國之鱸鯜，其於禮俗，則楚人之祭曰膢，南蠻之賦曰賨，它若楚人謂躍曰蹠，齊楚謂信曰盱，如此之流，必皆譯音制字，宜無義蘊可尋。漢書揚雄傳下云「前番禺，後陶塗」，蓋以馬出陶塗之國，故以匋余爲聲，斯正譯音之明證，此識音之字聲不示義者二也。

三曰方國之名聲不示義。通檢殷虛卜辭，及殷周之際吉金款識，所記方國之名，其別有本義者，多增緐文，構爲形聲之字，以見爲方域之嫥名。綜理緐文，詮緒部類，以示爲方域，則從山水土𠂤，或屮木茻林。以示爲行國，則從攴殳又攴，或行止彳辵。以示宜農桑，則從禾秝田糸。以示爲氏族，則從人女㫃戈。以示爲土著邑居，則從厂广宀囗。凡此諸例，雖若殊鄉，亦有互通，或緐或省，聲義無異，別有嫥論，茲不贅言。尋繹卜辭，多有邑字，然未見卜辭及周初金文，所記方名有從邑者。考之西周彝器，若宗周鐘三代一卷六十五葉，㳁其鐘錄遺三圖，克鼎三代四卷四十葉，盂鼎三代四卷四十二葉，毛公鼎三代四卷四十七葉，中甗薛氏鐘鼎款識卷十六，班彝西清古鑑十三卷十二葉，靜彝三代六卷五十五葉，師訇毀薛氏卷十四，羌白毀愙齋集古錄十一冊二十三葉，叔向父毀三代九卷十三葉，彔白戎毀三代九卷二十七葉，豆閉毀三代九卷十八葉，戜毀三代八卷四十九葉，寡子卣三代十三卷三十七葉，并有從邑之邦，師寰毀亦有從邑之䣙三代九卷二十八葉，䣙與彔尊彔卣之國彔尊見三代十一卷三十六葉，彔卣見三代十三卷四十三葉，俱爲䣙之後起字，而皆見於西周。然西周文字之從邑者，舍邦䣙以外，僅見鄭毀薛氏卷十四與晉司徒白𨛜父鼎薛氏卷九，案左傳桓六年云晉以僖侯廢司徒，考史記十二諸侯年表，晉釐侯元年即周共和二年，是則白𨛜父鼎當作於共和之前，故有司徒之名也。，此外無所徵也。彝器有鄀公鐘三代一卷一〇葉，鄀公平侯鼎三代四卷二十二葉二十三葉凡二器・，鄀公敄人段三代八卷四十七葉，鄀子子斯簠辥氏卷十五，鄾侯戴矛三代二十卷三十六葉，鄾侯戴戈周金文存六卷十九葉，鄾侯朘戈三代十九卷五〇葉，鄾王戠戈三代十九卷四十二葉，二十卷十五葉十六葉、，鄾王戠矛三代二十卷三十七葉，鄾王詈戈三代十九卷五〇葉五十二葉，二十卷十七葉、，鄾王詈矛三代二十卷三十八葉，鄾王戎人矛三代二十卷三十六葉三十七葉，鄾王喜矛三代二十卷三十六葉，鄾王喜劍三代二十卷四十四葉四十五葉，鄀王子沈兒鐘三代一卷五十三葉，鄀王子旃鐘錄遺四圖，鄀王擢鼎三代四卷九葉，鄀王觶，䣄王義楚觶三代十四卷五十五葉，䣄王子戈錄遺五七〇圖。䣄宜桐盂周金文存四卷三十九葉，邾公釛鐘三代一卷十九葉，邾大嗣馬戈三代二十卷十九葉，邿艁遣鼎三代三卷二十四葉，邿艁鼎周金卷二補遺，邿白鼎三代三卷四十六葉，邿白祀鼎三代三卷四十九葉，邿遣毀三代八卷二十葉，邿遣盤周金四卷一〇葉，鄦子盟師鐘薛氏卷六，鄦子簠三代十卷二十三葉，郳始鬲三代五卷二十三葉，郑戈三代十九卷二十九葉，御史碩父鼎善齋禮器錄一〇卷七〇葉，鄲孝子鼎三代三卷三十六葉，邮比父豆善齋禮器錄八卷十七葉，邗王是埜戈錄遺五六九圖，鄺大嗣攻鬲錄遺一一二圖，于省吾題鄺為鄺非是。宗婦鄁嫛鼎三代四卷四葉五葉凡四器。別有毀壺盤銘文相同。，鄰司寇鼎三代三卷四十三葉，邵黛鐘三代一卷五十四葉至五十七葉凡十二器，邵大叔斧三代二十卷五十一葉，鄦侯段三代八卷四十三葉，邛仲孋鐘嶭氏卷六，邛仲之孫白戋盤，邛仲之孫白戋盞嶭氏卷十六，叔姬邛孋簠三代十卷二十葉，邛君婦壺三代十二卷十三葉，邯鄲戟巖窟吉金圖錄卷下五十六圖，左郭矛三代二十卷三十六葉，與夫齊緰鎛之郙三代一卷六十八葉。案郙爲方名，亦見周金文存六卷八十六葉趞郙矛，吳大澂釋邖，其說非是。，余冉鉦之郘三代十八卷五葉，仲子紳段之加小校經閣金文八卷三十七葉，曾白霥簠之鄉三代十卷二十六葉，晉姜鼎之郱博古圖二卷六葉，案鼎銘云宣邺我猷，非以邺爲方名。，褱石磬之鄰嶭氏卷八，詛楚文之郾與郯見絳帖，及馮雲鵬石索卷一，凡此字并從邑，誤辨銘文及字體，皆東周之器。其曰郾侯戴者，即燕成侯載，史記燕世家索隱引紀年云「成侯名載」者是也。其曰郾王喜者，即世家之燕王喜，是知郾國諸器，皆成於戰國之初，以迄燕之哀世也。其曰𨙸王義楚者，即左傳昭六年之徐儀楚。然則與義楚觶字體相類之沇兒鐘，及𨙸王糧鼎之屬，亦必爲春秋時之器，此證之經傳而可塙知者也。即類上求，於鄀則有若父己觶三代十四卷四十五葉，若父己爵三代十六卷十四葉，若匜三代十七卷二十二葉，若㝬（録遺二八二圖），若爵（録遺三九八圖、案二器之若并從匚，乃口之省體，猶國差𦉜之國字亦從匚，從匚者示其爲國名，非訓亾之匿也。），是皆若方或若氏所作之器，而其字體與卜辭相同，蓋爲殷季或周初之作，可證鄀之初文本作若也。攷之彝器有匽白聖匜（録遺四九九圖），匽侯盂（録遺五一一圖），匽侯旨鼎（三代三卷八葉），匽公匜（三代十七卷三十一葉）。匽侯旨別一鼎銘曰「匽侯旨初見事于宗周，王賞旨貝廿朋」（三代三卷五〇葉）。見事讀如獻事，謂獻其職事于鎬京。玥鼎云「玥見事于彭」（三代三卷四十六葉），謂獻其職事于彭地。蓋卑者謁尊而曰見事，亦猶禮記少儀所云聽事。其在諸侯謁天子而曰見事，即孟子所云述職也（見孟子梁惠王下）。研覈匽侯鼎之字體，與宗周之名，及匽侯、匽白、匽公之號，是知諸器并爲西周之作，可證郾之初文本作匽也。彝器別有鼄公牼鐘（凡四器，見三代一卷四十八葉至五〇葉），鼄公華鐘（三代一卷六十二葉），是即春秋經傳之邾宣公牼，與邾悼公華。鼄國之器而見於著錄者，復有鼄君求鐘（三代一卷八葉），鼄尗止白鐘（三代一卷十九葉），鼄大宰鐘（三代一卷十五葉），鼄大宰簠（三代十卷二十四葉），鼄狺鼎（三代三卷二十三葉），鼄白御戎鼎（三代三卷三十七葉），鼄口白鼎（三代三卷五十二葉五十三葉凡二器，𪓐白鬲三代五卷三十四葉，𪓐來隹鬲三代五卷二十九葉，𪓐友父鬲三代五卷三十六葉，𪓐寶父壺綴遺齋彝器款識考釋十三卷二十一葉，以及魯白愈父所作鬲盤匜，并有𪓐姬之名見三代五卷三十一葉至三十三葉，十七卷七葉，三十二葉．，杞白每亾所作鼎毁壺盨，并有𪓐婞之名見三代三卷三十三葉，三十四葉，凡二器，七卷四十一葉至四十四葉，凡五器，十二卷十九葉，十八卷十八葉．案盨乃從皿召聲，即說文皿部之盄，或釋盨，其說非是。，凡此諸器，瞫析字體，胥出西周季世，或春秋之時，而其國名俱從黽作𪓐，以較從邑之郲，顯有乖越。考𪓐公牼鐘云「鑄辝龢鐘二鍺，以宴大夫，以喜諸士」。鼄公華鐘云「鑄其龢鐘，以樂大夫，以宴士庶子」。蓋以鼄為小邦，但有大夫而無卿職，故曰「以宴大夫」，又曰「以樂大夫」，而未嘗云卿，是即魯語所謂「自伯子男有大夫無卿」之制也。以是而知春秋之時，王綱雖替，禮未全隳。陵夷至乎戰國，大國侈號為王，小邦亦有卿職，是以邾公釓鐘遂有「用樂我嘉賓，及我正卿」之文。此可覘戰國時僭禮失紀，無往非然。亦可見鼄而從邑作邾者，乃戰國以來之俗字，非春秋以前之本名也。通考古之方國，必兼姓氏，以是而分類稽索，於邦氏之器有寺季𣪘（三代七卷三十三葉凡二器），於鄦氏之器，有無惠鼎（三代四卷三十四葉），無㠱𣪘（三代九卷一葉至三葉，凡四器），無嬰乍父丁卣（三代十三卷二十三葉），無娀劍（綴遺齋彝器款識考釋二十九卷七葉），⿱無皿姬鬲（三代五卷十九葉），從皿作⿱無皿者，乃無之緐文也。於鄭氏之器，則有女子小臣兒卣（三代十三卷三十三葉），其曰女子者，謂女方之子爵。彝器有女鼎（西清續鑑乙編一卷四十六葉），女方爵（錄遺四二八圖），女爵（凡二器，錄遺四〇五圖、四〇六圖），彭女鼎（三代二卷四十一葉），彭女甗（三代五卷四葉），彭女𣪘（三代七卷七葉），龔女𣪘（錄遺一二一圖），龔女觚（錄遺三四〇圖）

，䑣女觚錄遺三三四圖，賓女觚錄遺三二三圖，女魚卣巖窟卷上二十一圖，女兆彝三代六卷一〇葉，女妻𣪘三代七卷八葉，其曰彭女、龏女、䑣女、賓女者，謂彭方女氏、龏方女氏、䑣方女氏、賓方女氏所作之器。其曰女魚、女兆、女妻者，乃謂女方魚氏、女方兆氏、女方妻氏所作之器。凡古之姓氏，多因方國為名，彭龏䑣魚諸方，於卜辭金文不尟徵見。賓方即卜人賓受氏之方，亦屢見卜辭彝器，是皆文義顯明，無庸詳擧諦論。其曰妻氏者，蓋因魏之鄴丘而受氏者也鄴丘見史記魏世家，魏地亦有新鄴，見國策魏策，蓋以別於鄭丘而名。古器有新鄭虎符，見羅振玉符牌圖錄卷上。。別有女子鼎三代二卷四〇葉，女子妣丁尊巖窟卷上十九圖，則與小臣兒卣之女子名號相同，乃女方子爵所作祭妣丁之器也。其曰「小臣兒」者，小臣爲其官，兒爲其氏，數名連偁，義謂女方子爵所屬小臣兒氏所作之卣也。於郑國之器，則有共父甲鼎綴遺五卷三〇葉，共父癸鼎西清古鑑三卷一〇葉，共父癸彝三代六卷十八葉，共父丁角三代十六卷四十六葉，共祖乙父己卣三代十三卷九葉。於郜國之器，則有告鼎三代二卷八葉凡二器，告彝三代六卷六葉，告卣三代十二卷四十三葉，告觚三代十四卷十七葉十八葉，告爵錄遺四三七圖、案告下之[illegible]乃楙禁之象形，讀如禁之平聲，以示為陳酒器之物，或釋守，其說謬甚，說詳殷契新詮釋興。，告父癸斝積古齋鐘鼎彝器款識五卷十七葉，告父戊觶錄遺三七〇圖，告丁刀三代十八卷二十九葉。於鄭氏之器，則有單白鐘三代一卷十六葉，單白遼父鬲三代五卷四十三葉，單子白盨三代十卷三十六葉，單子白盤周金文存四卷十八葉，單子白壺周金五卷四十九葉，單昊生豆博古圖十八卷十五葉，單異彝筠清館金文五卷七葉，單父丁斝西清續鑑甲編十一卷十一葉。於⿰申阝方之器，則有申戣巖窟卷下三十五圖，案此戣為安陽出土，申與卜辭同體，其為商器無疑。，迪仲父盨夢坡室獲古叢編卷四。於邦方之器有手布善齋泉錄一卷五十七葉。於鄺方之器有慶孫之子簋三代十卷二葉。於鄑氏之器，有史笞鼎三代三卷六葉，趙䡞鼎三代四卷二十四葉，史笞者，史其官，昔其氏。從走作趙者，猶申之從辵作迧，并為申笞之繇文，乃殷契卜辭繇文之舊例也。於⿰梁阝方之器，則有刅壺三代十二卷五葉，刅觶三代十四卷五十二葉，刅尊寧壽鑑古三卷二十四葉，原題友尊，其釋非是。，刅其鐘錄遺三圖，梁細段三代七卷十一葉，梁布善齋泉錄二卷一葉至五葉凡八器，宗戈貞松堂集古遺文十一卷二十一葉，刅白戈三代十九卷五十三葉，是皆梁國或梁氏所作者也。於郘國或郘氏之器，則有呂鼎三代四卷二十二葉，呂王鬲三代五卷三〇葉，呂王壺（三代十二卷十二葉），呂伯𣪘（西清古鑑二十七卷十一葉），呂仲匜（攈古錄卷二之二第二〇葉），呂仲僕爵（三代十六卷四〇葉）。凡此諸器，舍梁布而外，或作於殷世，或成於西周，而其所記方名與姓氏，無一從邑。然則從邑之邦鄦郘郑，郜鄲邶邘，鄺鄗鄒邵之屬，亦猶都鄙郐郲之比，皆東周以降，附益形文之後起字也。若夫簷大史申鼎（三代四卷十五葉），與鄦侯𣪘并字體纖長，是亦東周之器，而其簷不從邑者，則爲仍襲初文。別有簷戈（周金文存六卷四十七葉），則又前於簷大史申鼎矣。邯鄲戟與左郣矛不唯字體爲東周之作，即其地域亦始見於東周之時。左郭當即春秋定十四年之檇李，檇於古音屬安攝，左屬阿攝，對轉相通，故矛銘作左郭。左醉雙聲，故公羊傳作醉李。左就同爲齒音，故越絕書作就李（見地傳篇，計倪篇）。李里同音，故吳越春秋作檇里（見闔閭內傳），蓋左李爲其本名也。自此下求，古之方名載於說文者，若酆、鄭、叩、邮、郖、鄻、邶、鄍、鄜、𨛫、鄈、祁、邦、郇、鄗、鄚、郅、郟、𨞰、鄧、酈、䣜、鄶、郰、邳、邢、郲、鄙、戲、鄘、鄔、郁，於卜辭彝器多有其名，而無一從邑者。唯於戰國時之古璽，則從邑之字稠疊纘見。總緝校理，且多說文經傳所無，如斯之屬無慮百名。此證之彝器與古璽，可以塙知方國之從邑，乃導原西周之末，盛行戰國之時。說文邑部所載方名，皆戰國之遺字，而許氏或以秦漢地名釋之，失其義矣。抑又考之，古之姓氏皆因山川或方國而名。徵之傳記，黃帝之子封于蒼林，而曰蒼林氏（見國語晉語四）。夏禹之妻產於塗山，而曰塗山氏（見呂氏春秋音初篇）。神農凥於姜水，而姓姜。虞舜家於嬀汭，而氏嫣并見說文女部。其在方域，而以氏偁，故有皮氏、華氏、林氏、重氏之屬見逸周書史記篇。迨乎後世，猶存其名，故有高氏、圅氏、欒氏、菟氏之屬見左傳成十七年、襄十六年、二十六年、昭五年。是皆方國與姓氏縈結相因之證也。以是殷周二代於方國之名，示其爲地域，則從山水口邑，示其爲氏族，則從人女㫃戈。凡諸形文，既相互可通，亦增損無定，要皆後世所附益，而以聲文爲本名。審其聲文，無不別有本義，用爲方國與姓氏，俱爲假借立名。所以然者，呂刑云「禹平水土，主名山川」。左傳哀七年云「禹合諸侯于塗山，執玉帛者萬國」。尚書禹貢云「錫土姓」。斯可證山川方國與姓氏之名，多肇於虞夏之世，爾時榛莽初闢，文字非若後世之緐，則其主名山川與姓氏，必尟別造本字，而多假借爲偁。以其初文非爲方國而設，此所以後世增益形文，以構爲形聲字者，其聲文固無方國之義，故曰方國之名聲不示義也。

四曰假借之文聲不示義。說文於玉部釋璊曰「禾之赤苗謂之虋，言璊玉色如之」段注本改虋爲犕，說文無犕字，茲依二徐本。於艸部釋若曰「從艸右，右手也」。口部釋咸曰「從口戌，戌悉也」。此部釋此曰「從止匕，匕相比次也」。用部釋庸曰「從用庚，庚更事也」。叀部釋疐曰「叀者如叀牛之鼻」原本牛作馬，茲依段注訂。。會部釋會曰「从亼曾省，曾益也」。日部釋昆曰「从日匕，匕合也」。宀部釋寡曰「從宀頒，頒分也」。匕部釋匘曰「从匕，匕相匕著也」。釋𥃩曰「从匕目，匕目猶目匕」。壬部釋壬曰「從人士，士事也」。毛部釋𣯛曰「色如虋，故謂之𣯛」

。至部釋⿱孫至曰「从至，至而復孫，孫遁也」。宁部釋⿰⿱𠁁缶宁曰「从宁𠁁，𠁁缶也」（諸本說文并從𠁁作⿰⿱𠁁缶宁，唯段注本臆改為⿰甾宁。）。信如所言，則璊⿰毛㒼所從之㒼為蔓之借，若所從之右為又之借，戚所從之戉為悉之借，此、昆、𡿺、昆所從之匕為比之借，庸所從之庚為更之借，疐所從之叀為桼之借，會所從之曾為增之借，寡所從之頒為分之借，壬所從之士為事之借，⿱孫至所從之孫為遁之借，⿰⿱𠁁缶宁所從之𠁁為由之借，此許氏明言造字假借，有此十五字，其於敘文所釋假借，顧不與此相應者，是亦見理未瑩也。惟以追尋前軌，校理許書，有以知其說有未然者，考若之爲字，於殷契卜辭，及殷周金文，并像被髮舉手長跽之形，以示降人順服之義。若於彝銘有作及者（見三代四卷四十五葉舀鼎，四十七葉毛公鼎，九卷一葉揚毀，二十七葉彔白戜毀，二十八葉師寰毀，二十九葉師虎毀．），乃爲從口聲，篆文從艸右者，則其譌變也。戚於卜辭金文并從口從戊，戊爲戚之象形文，非如說文所謂從戊一聲也。戚從戊者，示元戎執以司征伐之義，說文引司馬灋所謂「殷執白戚」者是也。戚從口者，猶

君后之從口，示發號令之義。凡元戎之令無不皆從，故其釋義為皆，說文未知戌為戚之初文，故亦未知戚所以從戌之意，乃以悉釋戌，是亦立說謬戾矣。會於卜辭金文并從合從(川)，以示聚合里舍，非如說文所謂從A曾省也。寡於金文從頁作賓（見三代四卷四十八葉毛公鼎，十三卷三十七葉寡子卣，四十六葉作冊卣。），以示人之獨尻，篆文從須者乃頁之譌變，未可以分訓之也。卜辭之𦣠所從之𡈼，為從人從土，以示挺身而立，𦣠之從𡈼，乃示挺身遠視，說文釋之曰「𡈼從人士」，是誤以土為士，亦猶壯本從士會意，而說文誤以爲從土諧聲也（說文詳析字義）。此俱檢覈古文，以辨章許說，而知說文於若戚會寡壬五字，釋形并悖初恉，是其據譌文謬說而言假借，固皆難期徵信。庚之本義乃析之初文（說文詳析字義），然說文釋其義曰「位西方」，釋其形曰「象秋時萬物有實」，又曰「庚承己象人齎」，斯乃如甲乙之比，皆後世陰陽家之說，舉非本義。然則許氏以更事釋庸所從之庚，是亦未可據信爲造字假借之堅證矣。若夫此、昆、𡿺、皆所從之匕，謂從比省，蹙所從之孫謂從遜省，俱無不宜，非必以假借說之。然其釋璊⿰毛㒼所從之𦿆為虋之借，釋爵所從之甾為甶之借，則審之音義，蓋無可疑。此許氏之說，與劉氏七略之言，共道而趨，先後合轍者也。

考說文口部云「嘾含深也，从口覃聲」。又云「哨不容也，从口肖聲」。又云「喁魚口上見，从口禺聲」。辨其釋義，則知嘾與目部之瞫所從覃聲，言部之諗所從念聲，黑部之黯所從音聲，手部之抌所從冘聲，并為窔之假借。以覃念音罙古音同部，假覃爲罙，於嘾則見含罙之義，於瞫則見罙視之義，假念爲罙，則見諗爲罙諫之義，假音爲罙，則見黯爲罙黑之義，假冘爲罙，則見抌爲罙擊之義也。哨與禾部之稍，女部之娋，所從肖聲，并小之假借。於哨則示口小不能容物，於稍則示小小出物，以漸增多，於娋則示小小侵進，良以小肖同音，故相通假也。喁從禺聲，乃魚之假借，以禺魚雙聲，假禺爲魚，所以示魚口上見之義。如此之類，無俟深思諦論，一望而知其爲假借造字者矣。循是鉤稽，若黃牛虎文為⿰牛余，余乃虎之借。牛駁如星為⿰牛平，平乃星之借。三歲牛為犙，駕三馬為驂，參并三之借。訓牴之觸，犬鬥之獨，蜀并鬥之借。角有觸發為⿰角厥，發石為厥，厥欮并發之借。口咼曰⿸疒為，為叏并咼之借。魚网為罛罟，瓜古并魚之借。貍走為⿸疒求，疾風為⿵風忽，求忽并疾之借。火猛為烈，烈風為颲，列并大之借。鳥飛疾為⿱羽夾，馬步疾為⿰馬耴，夾耴乃疌之借。便巧言為諞，疾飛為翩，輕皃為媥，扁并便之借。目孰視為⿰目為，孰肉醬為肌，疾孰為穜：鳥九坴并孰之借。高屋為龐，大谷為巃，大鐘為鏞，龍庸并侗之借。行難為趄，斤乃斳之借。雀行為趒，兆乃雀之借。訓登曰進，闢乃爾之借。自進為逮，隶乃晉之借。徃有所加為被，皮乃加之借。齒見為齗齺，干聯并見之借。多言為讘詍，离世并多之借。膣肉為跭，夅乃肉之借。嘉善為誐，我乃嘉之借。傳言為諺，彥乃傳之借。革履為鞮，是乃蹏之借。革鞮為鞵，奚乃履之借。軸束為輂，敉乃軸之借。低目視為闚，門乃頫之借。目大為睔，侖乃奄之借。謹鈍目為⿰目𦎫，𦎫乃鈍之借。直視為盼，台乃直之借。臥息為⿰自干，干乃夗之借。飛舉為翥，者乃舉之借。鳥白肥澤為翯，高乃品之借。孰肉和血為䐜，員乃𦎫之借。角傾為⿰角虎，虎乃歧之借。竹田為篁，皇乃畺之借。飯气流為鎦，留乃流之借。羹澆飯為饡，贊乃騰之借。盛器滿為饛，蒙乃豐之借。小麥屑皮為麩，夫乃膚之借。手械為梏，告乃臼之借。青皮木為梣，岑乃黲之借。履黏為黎，⿰禾勿乃履之借。早取穀為穛，焦乃早之借。頸腫為廔，婁乃膢之借。户牖之网曰⿱罒舞，舞乃户之借。
艸𦾔之白爲皅，巴乃𠌶之借。文質備爲份，畫
弓爲⿰弓章，分章并文之借。丹縠衣爲襢，珏乃丹
之借。車溫爲⿰衤延，延乃軒之借。心惡欲吐爲歍
，烏乃惡之借。屈髮爲⿱髟貴，貴乃屈之借。久屋
朽木爲⿸广酉，酉乃朽之借。以石扞繒爲⿰石延，延乃
扞之借。馬疾步爲驟，聚乃走之借。地中行鼠
爲鼢，分乃韋之借。竹鼠爲⿰鼠卯，卯乃竹之借。
黑繒發白爲儵，攸乃臭之借。黑木爲黟，多乃
朵之借。面慙赤爲赧，𠬝乃面之借。赤土爲赭

，者乃土之借。頭傾爲奊，吉乃頁之借。信心爲恂，旬乃信之借。疾流爲淢，或乃亟之借。水所凥爲渠，臬乃凥之借。編木以度爲泭，付乃木之借。側出泉爲⿱殸水，殸乃頃之借。多汁爲滒，哥乃多之借。雨止爲霽或⿱雨妻，齊妻乃此或朿之借。擣頭爲摼，堅乃顛之借。圜采爲⿰采刂，川乃圓之借。縷一枚爲⿰糸穴，穴乃一之借。亂絲曰紼，弗乃⿱𢦏虫之借。大它爲蚦，冄乃奄之借。飛蟲爲螱，尉乃飛之借。囚突出爲⿸虍⿰貝出，⿸虍⿰貝又乃出之借。兩刃可以乂艸爲鏺，發乃乂之借。穫禾短鍊爲銍，至乃稺之借。兵車爲軘，屯乃軍之借。乳子爲孺，需乃乳之借。牛子爲犢，賣乃孺或穀之借。孰鬻爲醓，甚乃飪之借。重釀酒爲䣵，耳乃再之借。樂酒爲酖，冘乃甚之借。薄酒爲醨，离乃劣之借。屮之小者爲蒯，魚网爲罽，西胡毳布爲𦆑，鏠迄爲銳，所從𠛬罽兌聲并毳之借。乃以獸之細毛而喻一切纖小之名，故孳乳爲蒯與銳。魚网而曰罽者，蓋成於毛織，毳布而曰𦆑者，益徵其爲毳所孳乳也。大口爲嘽，大目爲睅，大飛爲翬，牡羊爲羒，大巾為帑，大頭為頒，大波為澐，大𠂤為際，所從軍分雲鯀諸聲并夽之借，牡羊曰羒者，乃謂其體大於牝羊也。大呼為咦，大麋為麔，大鮎為鮷，大絲為䋑，厚繒為綈，所從夷旨諸聲并奃之借，大卑其義相附，故自奃而孳乳為綈也。大息曰喟，大風曰⿺風胃，大目曰⿱非目，長衣皃曰裵，高皃曰⿰木冒，大頭曰顝，所從胃非諸聲皆⿱大弟之借。長大其義相附，故自⿱大弟而孳乳為裵，自裵而雙聲轉注則為衯，是猶坋之轉注而為⿱非土也。止行曰⿺走畢，盡止曰⿰畢殳與縪，飲酒俱盡曰⿰酉畢，所從畢盡皆必之借。以必義為分極，分之至極，則有盡止之義也。論訟為詻，相迎為訝，訓告為訴，逆流而上為泝，所從各牙㡿并屰之借，皆取不順之意。詻為屰所孳乳，猶譁訟之咢為屰所孳乳。各之本義為至，非如說文所謂異詞也（說見說文正補）。研治曰毄，偏引為掎，車旁為輢，所從果奇并厄之借。厄者木卩，生於枝榦而橫引旁出，故孳乳為掎及輢。研治而曰毄者，謂斲䃺木卩以成材也。小視曰䁅，小見曰覭，小雨曰溟，或曰霢霂，所從買冥脈沐并糸之借。以糸爲細絲，故以爲狀小之名，唯糸與冥沐爲雙聲而非疊韻，此其所異也。目小爲眭，小鑯爲銳，束髮尐小爲⿱髟韱，小蟬蜩爲蠽，所從坐兌韱聲皆尐之借，尐小同義，故其義爲小也。廣多爲蓆，叢木爲楚，廣求爲募，所從席疋莫并庶之借，於蓆楚皆以示緐生，於募則以示廣求眾力也。大言爲訶，大開爲閜，夫蕖葉爲荷，所從可何二聲并夸之借，訶從夸聲以示大言而怒之義，猶詆從奃省聲以示訶義，何爲夸之借者，乃謂其葉之大也。訓誤曰詿，羊角不齊曰觤，頭衺骫奊態曰奊，圭危并乖之借，於註示言之乖戾，於觤則爲乖所孳乳之識音俗字，於奊則示頭之曲戾也。衺曲爲枉，衺枉爲楻，車戾爲軖，所從㞷堂匡皆尢之借。以尢爲曲脛，比擬爲名，故自尢而孳乳爲枉楻軖也。桂氏爲榰，訓尻爲㞐，下𦣻爲䭫，所從耆旨二聲皆氐之借，良以氐者謂氐之下墆于地，引伸爲凡氐下之名，故孳乳爲訓腄之胝，木根之柢，及榰、㞐、與䭫，氐耆通借，猶坻之或作渚也。手行爲匍，水厓爲汻，水瀕爲浦，甫午并步之借，於甸示以手代步，從勹者示曲身也。於汻浦而從步者，示步履之所止，猶瀕之從頁從涉而示水厓之意也。治玉曰琢，書版曰牘，豕牘并彔之借，於琢以示彫治，於牘以示刻文於片也。履中艸為苴，艸履為麤，且麤并足之借，示荐於足也。柔革工為鞄，柔木為楢，所從包酉二聲并柔之借。是猶蹂煣腬鍒之從柔為聲，以示和耎之義。擾從夒聲，柔從矛聲者，皆脜之借，乃以人面之昷和，而擬物性之柔耎也。鞄從包聲者，乃以示別於訓耎之鞣，故假包而作鞔也。一角仰爲䚔，特立石爲碣，㓞咼并孑之借，以缺臂而示孑特之義，自䚔而疊韻轉注爲觭，亦承孑義而孳乳也。角便低仰曰觲觲從羊聲，許氏以會意釋觲，其說非是，說詳說文正補。，訓疾曰徇，羊旬并孔之借，乃以鳥飛之疾而喻獸角之疌，及人性之疾也。小臣曰倌，小矛爲鋋，所從官延二聲，并肙之借，以肙爲小蟲，故孳乳爲小流之涓，與小盆之鋗。觀夫小臣之倌亦即書傳所見之涓人與中涓涓人見國語吳語、呂氏春秋淫辭篇、國策燕策一、說苑奉使篇。亦作鋗人見史記楚世家。又作中涓見墨子號令篇、史記曹相國世家。，是知倌所從官聲乃肙之假借，塙乎無疑。鋋從延聲者，蓋以示別於小盆之鋗也。火色爲⿱雁火，帛赤黃色爲縓，雁原并倝之借，乃以日出之光而擬火帛之色，猶天雞赤羽之翰，赤色之⿰倝赤，并從倝聲，以示如日出之色也。神禍爲祟，出乃忍之借，以示神怒而降以禍殃也。玉信爲瑞，耑乃斷之借，猶班之從刀，示分玉之義也。艸名曰⿱艹昜，昜乃當之借，以示枝葉相當也。飲馬爲茹，如乃馬之借，茹之從馬諧聲，猶騶之從馬爲形也。口气爲啍，𦎫乃云之借，示口气之上升，如云之輕揚在上，猶昜气之魂而從云聲也。喜欲爲嗜，耆乃旨之借，示其欲美味也。行不相遇爲逢，夆乃刺之借，謂乖刺不相値也。和說而爭爲鬭，門乃𥁕之借，謂詞𢀳𥁕和也。慮難曰謀，某乃啚之借，謀之從啚諧聲，猶圖之從啚會意，皆以示難𤼷之意也。議謀曰謨，謀思曰慮，莫虍乃圖之借（虍乃虎之省，說文區虎虍爲二字，其說非是。），示商略難畫之計也。訓止爲訖，水涸爲汔，气并旣之借。以旣義爲食已，引伸爲凡已盡之義（說見說文正補），故自旣而孳乳爲訖與汔。旣幾雙聲，故自旣而孳乳爲訖事樂之戲。說文釋餀爲小食，是誤以餀嘰爲轉注，非其義矣。汎謀曰訪，方乃廣之借，謂廣汎謀之也。詞頓爲訒，刃乃屯之借，謂其言之難也。誹謗爲譏，幾乃毀之借，謂言其缺破也。夢言曰詤，巟乃妄之借，謂亂言也。詐誤爲諆或欺，其乃疑之借，謂以言相誑惑也。相讓爲諯，耑乃矞之借，亦責以亂理誖法也。其曰讓者，與目病之眼，所從襄良二聲并毀之借，於讓則與諯之從矞同義，於眼亦其所視亂而不正也。其曰訐者，辛乃辠之借，謂申其皐而責之也。訓視曰診，㐱乃瞋之借，謂張目視色，從言者示問疾也，誅從朱聲乃臾之借，謂因繫而治之也。軍中反閒爲諜，枼乃因之借，示撥取軍情而私藏之也。革爲縷束曰輅，各乃索之借，謂其爲革所製之繩索也。革繡爲鞼，訓蝨曰蜹，貴芮并矞之借，於鞼乃示以錐貫綫穿革而成，於蜹則以示其齧人如矞之穿物也。柔革之靼，意膮之⿰亻然，訓弱之偄，訓順之嬬，所從諸聲皆反之借。於靼以示其爲柔皮，於⿰亻然偄乃以柔皮而擬其志力膮弱，於嬬則擬其柔順也。鬥取爲鬮，龜乃又之借，猶叟取取之從又也。附箸爲隸，柰乃尼之借，示親近也。訓使曰䏿，耴乃妾之借，示使令童妾也。目順爲睦，坴乃肅之借，示𥁕順敬視也。童蒙曰矇，視不明曰覺，訓愚曰惷，無聞曰聾，生而聾曰聳，所從蒙舂龍從并冡之借，皆以示冡蔽之義。矇亦曰不明者，乃其引伸義，非別一義也。病寒鼻窒爲鼽，九乃丂之借，謂呼吸窒礙也。羽莖爲翮，鬲乃脊之借，以背脊在人身之中，而喻羽莖在羽之中也。棺飾爲翣，妾乃耴之借，示㐺於棺之兩旁，猶輒從耴聲，以示車之兩輢，皆取象耳㐺於頭之兩旁也。羖羊犗爲羯，犗犬爲猗，曷奇并割之借，猶犗從割省聲，皆以示割其勢也。腹下肥爲腴，衣物饒爲裕，厚怒聲爲呴，厚酒爲醲，臾谷后需并阜之借。於腴以示肥阜，於裕以示富阜，於呴以示阜怒發聲，於醲則以示酒味之醲阜也。訓皮曰臚，盧乃羽之借，以鳥羽而喻人獸之皮，示其附於肌肉，亦猶裘從毛聲，而以示爲外衣也。消肉爲脫，分解爲挩，兌并列之借，於脫乃示消臞之若分解也。其曰膌者，脊乃析之借，猶脫爲列之借也。筋本爲笏，夗乃原之借，以水本而喻筋本，猶脈從辰聲以水之衺流，而喻血理之衺行也。刀握爲釗，缶乃匀之借，示手所覆持，禮記少儀作拊，則爲雙聲借字，亦以示撫持之義也。分解爲削，肖乃卢之借，削從卢聲以示分解之義，猶別之從冎以示分解之義也。除苗閉穢爲䅽，員乃糞之借，以示棄除也。劈義爲破，檘絲爲䋙，辟辰并𣏟之借，竹膚爲笢，民乃朩之借，石碎爲破，皮乃麻之借，皆以示其解析，猶枲皮之可分，故㪚以從𣏟會意也。竹列為笐，亢乃行之借，示其成行列也。表識書為箋，戔乃詮之借，示具其言於簡牒也。飤牛筐為簴（各本說文并作飲牛筐，集韻八語引說文作飤牛筐，與廣韻同，御覽七百六十引作飼，即飤之後起字，作飲者乃飤之形譌。），豦乃胡之借，示牛之進食下㳄其頤也。飤馬器為篼（各本說文并作飲馬器，唯玉篇竹部云篼飼馬器，則飲當為飤之譌。），兜乃騶之借，示其為廐御之物也。气行皃為逌，卣乃攸之借，以行水之義，而示行气之義也。鼻出血為衄，丑乃鼽之借，示其艱於呼吸，與鼽相類也。善丹為臒，蒦乃赫之借，示丹之盛赤也。申時食曰餔，甫乃莫之借，示食於日莫之時也。訓饒曰餘，余乃奢之借，示多於食也。木閑為柤，且乃乍之借，以示止亾也。主發謂之機，幾乃启之借，示其可以開闔也。以柴木雝為栫，存乃垔之借，垔從西聲則又壹之借，示閉塞不潗也。木方受六升為桶，甬乃容之借，示其為容物之器也。木杖曰棁，兌乃曳之借，示曳引而行也。車轂中空為橾，喿乃巢之借，示其中空如巢也。水橋為梁，刅乃爿之借，爿者牀之初文，示其橫陳如牀也。訓亂曰紊，文乃𡆨之借，猶瞀從熒聲爲回之雙聲借字，皆以示物之旋轉者，令人惑亂而不得耑緒也。訓明爲晳，折乃月之借，示日出而月隱，說文引禮所謂「晳明行事」者也。乾斂爲糒，葡乃𥞥之借，𥞥者以火乾肉，引伸爲凡枯乾之義，是以自𥞥而孳乳爲糒也。擇米曰精，無垢薉曰瀞，青靜并晶之借，皆以示明潔也。入脈刺穴爲窜，以石刺病爲砭，甲乏并插之借，示鍼石刺內之也。气不定爲痵，心動爲悸，怒戰爲鎎，季氣并气之借，蓋以

心動則气動，故自气而孳乳為悖。怒戰者，謂
因怒气而戰，故自气而孳乳為鎎，是猶仡之從
气諧聲，以示气盛也。捕鳥网為罻，尉乃隹之
借，罻之從隹諧聲，猶罹之從隹會意，益以示
別於罹，故假尉而作罻也。幡識曰㡓，㡓亦曰幑，
制者箋之借，幑者表之借，示表記於外也。書
皃拭觚布曰幡，番為版之借，乃以示所書之版
，版者又片所孳乳之識音俗字。自幡而疊韻轉
注則為帑，是亦音變之方言也。金幣所藏為帑
，奴乃貯之借，從巾者蓋幣帛之省，假奴為貯

，示臧貨幣之義也。齊等爲侔，牟乃旱之借，示相比次也。衣領曰襋，棘乃丮之借，示丮持也。重衣爲褺，執乃疊之借，示重疊也。豎使長襦曰裋，豆乃孺之借，示其爲僮孺之衣也。訓履曰屨，水漕倉曰庾，婁與并俞之借，屨從俞者猶履之從舟，皆以象其形。庾從俞者，以俞爲漕運之具，從广者示其爲漕運所貯之倉也。草履曰屩（屩即史記虞卿傳之蹻，集解引徐廣曰蹻草履也，漢書卜式傳云布衣草蹻而牧羊，是乃屩之本義。），喬乃稾之借，示其成於禾稈也。察視曰覝，美乃窔之借，謂其視之窔悉也。

私出頭視曰䚋，彤乃頫之借，以伸項枕而示出頭也。大頭為顒，禺乃后之借，是猶頭大為顧，以君后皆尊大之名，故引伸為狀大之偁也。大頭為顡，高頭為贅，羔敖并高之借，以高大義近，是以名大鰕為鰝也。無舟渡河為淜，屋棟為甍，朋夢并凭之借，於淜謂依水徒涉，於甍謂瓦所凭依也（瓦之本義為屋瓦，說見說文正補。）。美士有文曰彥，厂乃言之借，示人所偁言也。髮長曰鬗，㒼乃曼之借，示其引長，亦如葛藟之蔓示其曼延也。山無艸木曰屺，己乃草之借，示其猶皮之去毛也。東西牆爲序，予乃眀之借，以東西卽ナ又，故自ナ又視之眀孳乳爲序也。石爲矢鏃曰砮，奴乃䠶之借，示石作之䠶具也。千里馬曰驥，冀乃翼之借，是猶䮉從飛聲以示疾走如飛也。亂馳爲騖，敄乃猋之借，以犬走之不成行列，而喻馬之亂馳，猶扶搖風之飆，以示風之無定向也。馬奔爲䮘，巟乃亾之借，示其如逃亾之疾走也。上馬爲驀，莫乃胯之借，跨馬爲騎，奇乃午之借，皆示張股以跨鞌也。蓋自午而同音孳乳爲騎，雙聲孳乳爲跨胯，及脛衣之絝，復自胯而疊韻孳乳為驀，是知驀騎二字皆承亐義而孳生，然則驀之隔越相承，是必方俗殊語，或為騎之後起字也。系馬尾為⿰馬介，介乃骰之借，猶馬尾韜曰紛，分為尻之借，并示附於尻後也。驛傳為馹，日乃迭之借，示更迭而馳也。狾犬為狂，訓狂為倀，狂皃為怳，㞷長凡乃彊之借，謂其性行乖戾也。胡地風鼠為⿰鼠勺，勺乃豹之借，謂其形似豹也。人之侌气為情，青乃冥之借，言其侌幽難測也。訓慙曰恧，而乃耳之借，猶恥從耳聲，以示媿辱乃聞於耳，而感於心，蓋以示別於恥，故假而以為耳也。莽沆大水為沆，亢乃京之借，猶大貝為魧，亢亦京之借，蓋以示別於訓薄之涼，及大魚之鯨，故假亢而為沆與魧也。雨雪之皃為瀌，麃乃爂之借，謂其旋轉飛揚，如火之飛，猶旌旗動蕩而曰旚，回飛而曰飄，蓋以示別於訓浮之瀌，故假麃而為瀌也。灌釜曰洎，自乃器之借，以示灌水入器。周禮秋官士師云「祀五帝則沃尸，及盥洎鑊水」。呂覽應言篇云「市邸之鼎以烹雞，多洎之，則淡而不可食」。

是濯鼎鑊亦曰洎，非必濯釜也。洒身爲浴，谷乃軀之借，以示晐全體四肢也。稷雪曰霰，白好曰纘，散贊并粲之借，以示霰如粲之成粒，纘如粲之皛白也。牢獄曰陛，陛乃閟之借，以示闌其出入，閟者又閉所孳乳之識音俗字也。訓耦曰婧，有乃右之借，示其助己者也。藏兵曰戰，咠乃亼之借，示亼合而藏之也。搏埴之工爲瓬，方鐘爲鈁，方鎣爲斨，方爿并匚之借，於瓬以示瓦工之名，猶匠之從匚，於鈁以示其如匚器之形，於斨以示其爲匚鎣，蓋避與匠形相掍，故假爿而爲斨也。持弓關矢曰彎，䜌乃丱之借，示其注矢待發也。網絲曰紡，紡車曰軠，方㞷并网之借，示箸絲於筟網也。氂絲曰緢，苗乃氂之借，謂氂牛尾之細如絲者也。縷系矰矢曰繳，敫乃寉之借，示射高飛之鳥也。布白而細曰紵，宁乃縈之借，示其純白也。神它爲螣，朕乃登之借，示其登空而遊，荀子勸學篇所謂「螣蛇無足而飛」者是也。水蟲爲蚨，夫乃蒲之借，以水草而喻水蟲也。青黃色曰蔳，有乃䵋之借，以艸之色青，喻青色之義也。輻所湊曰轂，殸乃輂之借，示輻之所交輂也。又若理殆栝臬及腡，所從里台而聲并孳之借，於理以示刻畫，猶務嫠之從孳聲也。於殆以示臨坼岸而危，猶危之從厃示在高而懼也。於栝以示耒耑孳土，於臬以示麻皮可析，於腡以示肉爛分裂，是皆承孳義而孳乳也。犮跙跋翇及柭，所從犮貝二聲皆址之借，以址址義為足剌址，足為人之下體，故以址址喻屮根之犮。足剌址者，謂足乖常度，而不良於行，故自址而孳乳為獵跋之跙，及蹎躓之跋。跙跋與址音義相同，其從足者，皆後世之穜形俗字也。舞者步履乖常，或類蹣蹇，故自𣥠而孳乳為樂舞之翇。蓋翇之從𣥠為聲，猶舞之從舛為形，皆以示蹌跳也。柭者示以木杖而扶刺𣥠，故亦自𣥠而孳乳為柭也。玖瞦鰂所從久喜則聲皆黑之借，於玖以示石之黑，於瞦以示童子之黑，於鰂乃以示其吐黑汁也。蓁嗔闐所從秦眞二聲，并粲之借，皆以示盛義也。⿰牛畺腸⿰角長棖及⿵門長孟，所從畺昜諸聲并長之借，於⿰牛畺以示牛脊之長，於腸以示肉之長，於⿰角長以示角之長，長高其義相附，故孳乳爲高木之稂，與門高之閬。孟從皿聲而爲長之借者，乃以示爲長子之義。稂從良聲者，所以示別於訓杖之根也。吪、譌、貨、僞、及䰥、⿰丸咼、媧、䖸、鈋所從化爲諸聲，并匕之借。於吪以示變動，於譌僞以示變詐，於貨以示變易有無，於媧以示變匕萬物，於鈋以示變金爲圜，於䰥以示鬼變，於䖸以示蠶匕，於⿰丸咼則以示匕小鳥之皮毛吐出成丸。沇州謂欺曰詑者，是乃譌所聲轉之方言，亦承匕而孳乳者也。⿺走圭、迟、䟚、睨、及⿰皃見、觬、霓、抵、軹所從圭只諸聲并支之借。支爲竹支，衺出而小於竿，故引伸有衺側杪小之義，是以孳乳爲半步之跬，曲行之迟，衺視之睨，旁視之覞，角曲之觭，與側擊之扺，是猶跂從支聲而有傾側之義。蹏爲肢體，故自支而孳乳爲蹏，是猶豛肢之從支聲，以示傍出之義。霓者屈體而召弱於虹，故自支而孳乳爲霓。軹者車輪小穿，是亦支之借，猶小頭之爲頍，婦人小物之爲妓也。逗、拘、豎、侸、及柱、駐、偶、掫所從豆句諸聲并壴之借。壴者象陳鼓直立之形，故自壴而孳乳為訓止之逗拘及馬立之尌。桂亦直立如樹，是皆承陳鼓之義而孳乳也。陳鼓備樂則懽說，故自壴而孳乳為㥥，㥥從壴聲以見愉說，猶愷從豈聲以見康樂，亦猶喜從壴會意，以見娛樂也。夜戒有擊而曰掫者，以示擊鼓警夜，即周禮鎛師所云「夜三鼜」者是也。迵、眮、恫、挏、及痛、罿、俑、憧所從同甬童聲并動之借。於迵以見變動更迭，於眮以見動目而視，於挏以見推引動遂，於罿以見為翻動之物，於憧以見意動不安。痛與俑恫，乃音義相同之轉注字，凡有痛疾必動見四肢或容貌，自痛恫而雙聲轉注，則為從蟲聲之瘇，說文云「瘇動病也」，是知痛與俑恫乃動所孳乳，論語先進云「子哭之慟」，管子輕重丁云「兆國有慟」，是即恫之本字，斯其明證矣。逭、訐、譴、宦、及患、綰所從官干諸聲并辛之借，於逭以見因臯而亾，於訐以見面相斥臯，於譴以見因臯譴問，宦患轉注，乃以示因臯而悳。患從串聲，即大雅皇矣「串夷載路」之串，說文失收串字，而以患從吅聲，失其義矣。惡絳曰綰，所從官聲亦辛之假借者，是猶奇之從辛以示惡聲之意（見說文口部）。良以辠惡同義，故自辛而孳乳為奇與綰也。後、衙、踐、餞所從戔聲并肯之借，自肯而孳乳為後衙踐者，示步行之肯，孳乳為餞者，示送人肯行也。遐、猳、麚、湖所從叚胡二聲并㚖之借，於遐以示大遠，於湖以示大陂，於猳麚則以示其體大異於豝麀，猶之牡羊曰羒，分為㚖之借，亦示其體大異於牝羊也。數、銗、軀、斛所從婁后諸聲并具之借，於軀以示具全體四肢。考具之本義亦為十貝曰具（說見文字析義），古者以貝爲貨，宜爲會計之所資，是故算以從具會意，而數之初文則爲從具諸聲。其於受錢器之缿，十斗之斛，并承具而孳乳，以缿爲貯貝之物，斛則承十貝之義，故自具而孳乳爲缿與斛也。瞀、固、瘀、洿、及污、淤、閼、錮、隖所從敄古諸聲并兆之借，皆以示靡蔽阻塞也。罅、榹、朔、㵐、及捇、㙤、𡐦所從虖虒諸聲并𡭴之借，𡭴者際見之白，引伸而爲分裂之義，故孳乳爲訓裂之罅㙤捇𡐦，及判木之榹，水裂之㵐。月之一日而曰朔者，乃取月之運行，以此日為分際，是知所從弁聲亦省之借也。觿、㦜、懏、弭、弛所從巂耳也聲并解之借。於觿以示佩角解結，於㦜以示傷口分解，於懏以示人心離解，於弭以示解紛，於弛以示解弓弦，假巂以為觿者，蓋以字既從角，為避字形緐緟，不宜復從解也。假巂而為懏者，蓋以示別於訓怠之懈也。桄、廣、駫、洸、獷所從光生諸聲并皇或京之借。於桄以示充大，於廣以示大屋，於洸以示水之深廣，於駫以示馬之盛肥，於獷以示滿張其弩，猶

張之從長爲聲以示㲉大其弓也。剟、闕、缺、
堨所從叕敹諸聲并叏之借，叏爲分決，引伸爲
一切分裂孔隙之義，故孳乳爲器破之缺，訓孔
之肢，訓穿之窭，及城缺之歁，官窭之闋。玉
佩而曰玦者，乃示其如環而有缺口。物經插取
必有孔隙，故挑取曰抉。訓刊之剟爲叏所孳乳
者，謂分叏是非，而予以改削也。門觀之闕爲
叏所孳乳者，乃示其中缺爲道，猶轂闋之從叏
。破罌之缺，壁隙之堨，爲叏所孳乳者，猶鈌
肢之從叏。挑取骨閒肉而曰膑者，叕乃抉之借

。叏爲阿攝，肙爲安攝，音相比近，故又自椄而音轉爲肙，是猶瞍睊之爲轉注也。盥、襛、濃、醲所從農聲并隆之借，隆爲豐大，凡物之豐大者，必重厚盛多，故孳乳爲腫血之盥，衣厚之襛，露多之濃，與厚酒之醲也。笥、財、鼒所從司才二聲并甾之借，於笥以示物形如甾，於財以示器之可珍，猶寶之從缶也。於鼒以示鼎小如甾，詩毛傳所謂「小鼎謂之鼒」見周頌絲衣者是也。櫽、頵、隱所從㥯尹二聲皆乚之借，於櫽頵則以迟曲之形，而示櫽爲正曲之木，示殞為不正之貌，於隱則為乚所孳乳之識音俗字也。賤、俴、淺所從戔聲并趨之借，於賤以示賈少，於淺以示水少，於俴以示智量之少也。窊、庳、廡所從瓜牙無聲并下之借，於窊以示地之低下，於庳廡以示屋之低下也。魅、駃、齌所從失齊二聲并疾之借，於魅以示厲鬼施疾患，於駃齌則以示疾速也。㥒、惻、戕所從采則才三聲并巛之借，於㥒戕乃示施傷害於人，於惻乃以傷害而悲痛也。雋、鐫、鑽所從雋贊二聲并敂之借，皆以示殘破而穿通也。禍、暍所從咼曷二聲并害之借，於禍示神降災害，於暍示爲暑气傷害也。碧、鈇所從白夫二聲皆芳之借，於碧示其如艸色之青，於鈇示其爲莝刀也。赴、𧿹所從卜聲乃夋之借，示趨進怱遽也。𨁈、倏所從攸聲乃夲之借，示疾走也。諝、㥠所從胥聲乃疑之借，示知慮通明也。鞅、骾所從央更二聲并亢之借，於鞅以示爲頸靼，於骾以示骨留咽中。以亢爲人頸，咽附於頸，故亢亦有咽義也。玨、倡所從王昌二聲并章之借，於玨以示爲樂舞，於倡以示爲樂人也。臞、孤所從瞿孤二聲并寡之借，於臞以示少肉，於孤乃示子之無父寡凥，而失所恃也。饟餉所從襄向二聲皆亯之借，謂以食物獻遺也。權橋所從雚喬二聲并激之借，以示橋必礙水也。虜辜所從虍古二聲并圉之借，於虜示獲人力而拘囚之，於辜示圉禁辠人，虜從毌者，示獲寶貨，辜從辛者，示其為辠人也。側廁所從則聲并夨之借，於側以示在人之旁，於廁以示在凥舍之旁也。居鑪所從古盧二聲并巨之借，於居示伸其兩足與身成巨形。巨之形匚，於鑪則示其為匚鑪，說文以方鑪釋鑪，方乃匚之借字也。屐頍所從支聲并企之借，蓋以屐爲木屩見一切經音義卷十四所引三蒼，其爲物高於屨屝，而以踐泥爲用見釋名釋衣服，人屐之亦如擧踵，故自企而孳乳爲屐。仰頭遠望，必資擧踵助高，故亦自企而孳乳爲擧頭之頍也。彄𢐀所從區句二聲并角之借，於彄則以獸角在頭之兩耑，故引伸以喻弓弩之兩耑，於𢐀則以示其頭有兩角也。緇輜所從甾聲并滓之借，以涅淰色黑，且黕澱在後，因以喻黑色之緇及衣車之色在於車後也。紂緧所從肘酉二聲皆尻之借，猶⿰馬介從介聲爲⿰馬厥之借，紛從分聲爲尻之借，皆以示其傳于馬之尻後也。蠭從丰聲，鉵從蟲聲，并農之借，於蠭以示爲害農之蟲，於鉵則以示爲農器也。逃從兆聲乃盜之借，示因皋而遁亡也。請從青聲乃省之借，從言者示省視而有所告白也。謁從曷聲乃匄之借，以示凡告白者必有气求也。許從午聲乃如之借，示聽從其言也。訊從卂聲乃辛之借，示問皋囚之義，詩小雅出車云「執訊獲醜」，大雅皇矣云「執訊連連」者是也。諫從柬聲乃侃之借，示直言規過，猶訨從正聲而示正言之義也。訟從公聲乃閧之借，示以言相鬥爭也。翨從是聲乃豸之借，示其如豸之猛於殺戮也。刊從干聲乃簡之借，示刪定牒牘之文也。簡從閒聲乃言之借，示其以竹牒記言也。簠從甫聲乃黍之借，以示為黍稷之器，猶齍從齊聲而示為黍稷之器也。餇從肙聲乃肰之借，以示飽食犬肉，與食犬肉而甘之則為猒取義相同，是以二字為雙聲轉注也。椢從囷聲乃鼠之借，示為射鼠之器也。圈從卷聲乃豢之借，示為養獸之閑也。昭從召聲乃登之借，以紫祭之明喻日之明也。宦從臣聲乃來之借，示來麥所以養人也。馬病曰痑，多乃遲之借，乃以馬不行之義，而示馬病也。署從者聲乃旅之借，謂部署師旅也。帗從犮聲乃市之借，蓋以市之為物自帶以下，通體一幅，別無繫連，帗如其象，故自市而孳乳為一幅巾之帗。犮與市同音相借，故市之篆文從犮聲而作韍也。䁈從𧯣聲乃兜之借，以兜之本義為冡蔽聰明（說見說文正補），故自兜而孳乳為目蔽垢之䁈也。犯從㔾聲乃敢之借，示進取之義，蓋以別於小犬吠之獥，故假弓而作犯也。妨從方聲乃刅之借，示女色之傷人也。虛從虍聲乃壺之借，示其如壺之小口大腹也。墐從堇聲乃粉之借，以示粉砌也。垢從后聲乃後之借，示藏濁在汁瀋之後也。鋊從谷聲乃句之借，示其以句鼎耳，蓋以別於曲鉤之鉤，故假谷而為鋊也。凡此皆古音同部，或為同音而假借者也。

若荒遠為艽，高气為㕤，高聲為㗊，大呼為訆，大鼓為鼛，大木為櫚，木長為格，訓棟為極，訓極為忓，大橐為櫜，麇牡為麐，大自爲階，所從九斗諸聲并高之借。高與遠大其義相附，故自高而孳乳爲遠荒之芃，及大鼓之鼛。極者屋之高處，故自高而孳乳爲極，忓者意志高伉，故亦自高而孳乳爲忓。麋牡而曰麐者，亦言其體大於牝麋也。草茸茸之茸，鞌毳飾之⿰革茸，小木散材爲柴，小罰自贖爲貲，婦人小物爲姕，小溼爲⿰氵茸，所從聰此翠聲皆毳之借。以毳爲細毛，故引伸爲一切狀小之名，其曰茸者，乃示細艸叢生，亦如毳之竄集也。艸多爲萑，膳多爲䐜，多穀爲亶，富實爲縪，禾多爲稹稠，髮多爲鬒⿰髟周，所從佳典諸聲并多之借。短椽曰棟，短矛曰鉈，短衣曰袛、裯、䄈、襡，所從東它諸聲并短之借，短乃從大豆會意，非從豆諸聲（說見說文正補），自襡而曡韻孳乳爲襦，則與短聲類縣絕，是又聲變之方言也。小飲爲啐，小皃爲⿰亻囟，訓細曰纖，訓㪔曰細，率與韱囟并小之借。艸色曰蒼，青黑曰黲，山谷青曰谸，倉參千并青之借。屚流爲灓，抒屚爲⿱䜌幸，下酒爲釃，纚麗并屚之借。盡酒曰㰗或釂，水盡爲潐，穛爵焦并盡之借，㰗從歛省，示歛酒而盡，非從欠也。張口為哆，張目為瞋，衣張為袳，多真并張之借。足械為桎，礙止為庢，海山可止為島，至鳥并止之借。急行為彶，訓褊為忣，及并亟之借。張口見齒為齞，哆口魚為魠，只毛并哆之借。小步為蹐，訓瘦為膌，脊乃𠂹之借。擊空聲為殸，器中盡為罄，宮㱿并空之借。頸毛為翁，頸鎧為鍜，公叚并亢之借。雛子曰雛，婦妊為媰，芻并子之借。頰肉為膱，墨刑在面為黥，幾京并頰之借。斷竹為筩，斷木為楬，甬曷并斷之借。折木為柆，摧折為拉，立并刖之借。積皃爲秩，樓上户爲闢，失聶并疊之借。半枯爲痛，須髮半白爲鐔，扁卑俱半之借。頭大爲碩，大盆爲甍，石尚并大之借。香艸曰蘭或蕿，闌姦并甘之借，以物之香者，其味必甘，是以香亦從甘會意也。傳四夷之語曰譯，置騎曰驛，睪并易之借，於譯猶訓譯之國所從化聲爲乜之借，謂變易其言以達意。於驛則以示易馬遞馳也。衣無色曰袢，婦人污曰姅，半并普之借，蓋以婦人入姅，面色領黯，故以日無色之普喻袢與姅也。小雨曰霹靂、鮮酸并絲之借，猶小雨之霢霂所從脈沐二聲爲系之借，皆以示其如絲之細也。玉磬爲球，求乃磬之借。魚毒爲芫，元乃魚之借。木耳爲䓴，耎乃耳之借。艸大曰菿，到乃奃之借。行蠶蓐曰蔟，族乃蠶之借。淺渡曰越，此乃淺之借。側行爲趚，朿乃矢之借。先道爲䢦，率乃先之借。獸迹爲迒，亢乃禽之借。和解曰講，冓乃解之借。攻皮治鼓工爲韗，軍乃工之借。戰弓之弢爲鞬，建乃弓之借。微視爲瞴，無乃𢼸之借。目陷爲䁍，咸乃臽之借。馬气流爲餕，麦乃流之借。食馬穀曰秣，末乃馬之借。瓦器爲鉞，或乃器之借。茅染葦曰蘇，末乃茅之借。木皮爲朴，卜乃膚之借。壁柱爲欂，薄乃壁之借。以財有求爲購，冓乃句之借。厚脣爲⿱尚多，尚乃脣之借。穿地爲竁，毳乃敝之借。瞑言爲寱，臬乃言之借。頭痛爲⿸疒或，或乃頁之借。俛病爲⿸疒府，付乃頫之借。風病爲痱，非乃風之借。書衣爲帙，失乃書之借。髤布爲幦，辟乃⿰桼見之借。老人白爲皤，番乃髮之借。左右兩視爲⿰亻癸，癸乃䀠之借。翟羽飾衣爲褕，俞乃翟之借。衣奴人曰襚，遂乃奴之借。裘裏爲[illegible]，㐭乃裏之借。很視爲[illegible]，肩乃𦣞之借。盛气怒爲歜，蜀乃盛之借。分別文爲裴，非乃分之借。髮至眉爲[illegible]，敄乃眉之借。簪結爲[illegible]，介乃結之借。蛇毒長爲[illegible]，失乃它之借。馬飽爲駜，必乃飽之借。馬行疾爲馮，仌乃奔之借。馬銜脫曰駘，台乃挩之借。羔裘之縫曰黬，或乃羔之借。兩髀之間爲奎，圭乃丫之借。寒水爲况，兄乃寒之借。水都爲汥，支乃都之借。時雨爲澍，尌乃時之借。濯髮爲沐，木乃髦之借。里門為閭，呂乃里之借。理持為擸，巤乃理之借。井壁為甃，秌乃井之借。敗瓦為瓬，反乃敗之借。生絲曰綃，肖乃生之借。絲介履曰縭，离乃履之借。汲井索曰綆，更乃汲之借。喪服衣曰縗，衰乃喪之借。喪首戴曰絰，至乃頂，或顛之借。枲履曰紨，封乃扉之借。赤金為銅，同乃形之借。車轂中鐵為釭，工乃轂之借。羹斗為魁，鬼乃羹之借。依山谷為圈曰阹，去乃圈之借。孰籋為〔酉甚〕，甚乃孰之借。佩刀飾為珌，必乃鞞之借，亦其飾於刀削也。艸耑為芒，亾乃毛之借，示其纖鋭如毛也。盧童子曰𥌾，縣乃兹之借，猶嘻從喜聲而爲黑之借，并以示其色之兹黑也。青羽雀曰翠，卒乃悤之借，謂其色如悤青，猶帛之青色者名繱也。角中肉爲䚡（肉各本作骨，茲依段注訂。），思乃囟之借，示其如𡿺益中之肉也。絫日爲昨，乍乃𦐇之借，示其在此日之𦐇也。訓姦曰宄，九乃姦之借，從宀者，示其姦由內起也。彊力曰偲，思乃奞之借，示其如鳥之奮奞也。訓弄曰伶，令乃弄之借，示其供戲弄也。訓佽曰佴，耳乃二之借，佴次并從二聲，皆以示相次列之義，蓋俾以音轉而韻部乖隔，此所以假耳爲二，以示區別也。鳥獸毛盛曰毨，先乃粲或甡之借。自毨而疊韻孳乳爲𣯶，則又聲變之方言也。下首爲頓，屯乃氏之借，猶下首之䭫所從旨聲亦氏之借也。行屋曰廙，異乃遂之借，示其可遷徙也。馬疾走爲騊，匋乃气之借，猶颿從風聲，而以風示疾走也。馬眾多曰駪，先乃甡之借，詩曰「甡甡其鹿」見大雅桑柔，是即以甡喻眾多之義也。水艸交曰湄，眉乃每或茂之借，示艸盛而與水相鄰也。目裏好曰媌，苗乃目之借，女爲好之省，所以示目美也。細疏布曰繐，當從穗省聲，而爲疏之借，從糸者示細義，猶纖縠絺絟之示細義也。車後横木曰軫，㐱乃煩之借，示如人之煩也。芟、靬、𣧑、腊、脿、及枯、槀、旱、炕、氿、垎所從交干諸聲并乾之借。於芟以示艸乾，於靬以示革乾，於𣧑以示屍體枯乾，於腊脿以示體貌醮乾，於枯槀以示木乾，於旱以示不雨之乾，於炕以示火乾，於氿以示水厓枯乾，於垎以示水乾。楚辭九辯云「后土何時而得漧」，漧正沈之本字。惟幹旱之假干爲乾，亦兼疊韻，此其所異也。乾從倝聲者，以示易光炳燿，所從之乙乃黠之疊韻借字，以示物乾則堅黑也。唇、蹍、震、娠，及萅、惷、蠢所從辰屯二聲并動之借，於唇蹍以示人之驚動，於震以示辟歷蹍驚，於娠以示女妊身動，於萅以示艸木萌動，於惷以示人心動亂，於蠢以示蟲動，凡此皆承動義而孳乳。動從重聲乃東之借，以示日出於東而事勞作，莊子讓王篇所謂「日出而作」者是也。漊、縷、纑所從婁盧二聲，皆連聯或𩅦之借，於漊以示雨之連延，於縷纑以示爲連綴之物也。齺、觡、鯁所從交各更聲并骨之借，於齺以示齧骨，於觡以示骨角，於鯁以示魚骨也。韝、衦、釬所從冓干二聲并收之借，於韝以示爲臂衣（韝義依段注本訂），於釬以示爲臂鎧，於衦乃示兩手重按以展衣之襞縐也。靶把所從巴聲，乃秉之借，以示秉持也。韘堞所從枼葉二聲并䠶之借，於韘以示爲䠶決，於堞乃示女垣以資䠶敵也。冕沬所從免末二聲乃面之借，於冕示其在顏面之上，猶䩄從面聲，示其在馬面之上，於沬示其洗面也。篤㙜所從竹臺二聲并屯之借，於篤示馬之遲鈍，於嬯示人之遲鈍也。⿰革它從它聲乃凥之借，以示附於馬之凥後，猶馬尾韜之紛，所從分聲亦凥之疊韻借字也。腹從复聲乃畐之借，示其肥早也。侜從舟聲乃兜之借，猶覴從豋聲亦兜之借，皆以示靡薇也。仳從比聲乃別之借，從人者示人之分別也。訓脾曰尻，九乃丌之借，猶訓尻曰⿸尸旨，旨乃氐之借，皆示其在人身之下也。⿸尸予從予聲乃俞之借，猶屨從婁聲亦俞之借，皆以示其形若俞也。魚名曰鱓，單乃它之借，示其形之如它，淮南子說林篇云「鱓之與蛇，狀相類而愛憎異」，是其證，蓋以別於訓鮎之鮀，故假單以爲它也。鹹從咸聲乃海之借，以西方鹵地與海水皆鹹味之所出也。繃從崩聲乃勹之借，以示裹束也。鉏從且聲乃艸之借，示其爲耨艸之器也。鏝從曼聲乃冃之借，猶冡之從冃以示覆蓋也。凡此皆雙聲相借，或兼古韻旁轉與對轉者也。

考之重文，若跀之或體作趴，諂之籀文作

譮，督或作眒，鵃或作鶩，㚢或作傁，胑或作肢，籑或作饌，柄或作棅，暱或作昵，䵒或作䵑（案二徐本說文并有䵑字，但云从黍尼聲，而無釋義，當爲䵒之重文，而亂其行次，段注本說文則妄刪䵑字。），痭奢之籀文作痕奓，麠䲔之或體作麖鯨，撫之古文作𨑜，妣之籀文作𡚱，蟁或作𧍎，勳或作勛，是皆重文爲本字，其本字則爲重文所孳乳之假借字也。何以言之，兀於金文爲从大無首之省體象形，亦或从戉爲聲，以象大斧截首，審形考意，則兀當以斷首爲本義，非如說文所謂高而上平也（說詳說文正補）。以兀義爲斷首，故自几而孳乳為斷足之跀，及髟髮之髡。跀作跀者，與訓絕之刖，訓折之抈，聉耳之朋，及訓斷之劊銽，所從月會昏聲，并几之借也。譮從會聲，適符會合善言之意。篆文之話假昏為會，是猶絜髮之髻，訓會之佸，訓絜之括，亦皆假昏為會，髻括俱取會聚結束之義，則其本字宜從會聲。儀禮士喪禮云「鬠笄用桑」，又云「鬠用組乃笄」，既夕禮云「鬠無笄」，荀子禮論云「始卒沐浴鬠體」，又云「鬠而不冠笄」，是即髻之本字作鬠之證也。刖從丩聲，以示目之糾繚不正，猶之句義爲曲，其作眢者，攸乃丩之借也。鶩從烋聲，乃以烋時艸木零落，而喻鳥之禿頭，猶禿從烋省以喻人之無髮（案禿從烋省會意，說文釋形非是。）其作鵂者，亦乃烋之借也。殁從𠬛聲，以示骸入黃泉，猶之𠬛水，其作歾者，勿乃𠬛之借也。與殁同義之𣨛，所從卒聲，是亦𠬛之假借，說文云「大夫死曰𣨛」者，乃錄曲禮之文，當爲後起之義。堅刀刃而曰焠者，所從卒聲，亦爲𠬛之借字。蓋以堅刀劍之鏠咢，必須炙之以火，而後施以椎段，𠬛之於水，而後礲以砥石，漢書王襃傳所謂「清水焠其鋒，越砥斂其咢」者是也。則其為字宜從火𠬛水為義，其後或以方語音變，故假卒為𠬛而作焠，亦猶假卒為𠬛而作⿰女卒也。肢從支聲，以示人之四體，亦如竹之支條，足之多指曰跂，木之別條曰枝，鳥翼曰翄，三足之鍑曰⿰鬲支，并同此義也。巽義為具，饌從巽聲，以示具食，猶僎從巽聲，以示具義也。秉之為字從又持禾，棅從秉聲，以示秉持。尼義為近，昵從尼聲，以示日常親近。秜從尼聲，以示比近黏箸。㞋爲柔皮，謂剝獸皮而後柔之，⿸疒㞋從㞋聲，正符皮剝之義。奓從多聲，以示大盛之義，猶大度爲⿰多卩，盛大爲⿰火多，良以多大音同義近，古相通作，故從多聲之字而有大義也。京爲高丘，高大義相比附，麖從京聲以示大麃，鯨從京聲以示大魚也。⿺辶亾從亾聲，以示安輯流亾。⿰女比從匕聲，以示侌如飯匕。⿱昏䖵從昏聲，示其出於昏時。⿰用戈從用聲，示用戈赴敵，則必气壯如虹。凡此諸字，舉可證其聲義允合，而其本字則無一聲兼會意，是皆重文之假借字也。奢從者聲，者乃多之雙聲借字，猶暱從匿聲，匿爲尼之雙聲借字，⿸疒冄從冄聲，冄亦艮之雙聲借字也。說者未識奓爲形聲，而謂爲會意（見說文奢部段注），失其恉矣。說文所載重文亦有爲本字之假借者，若番之或體從煩聲作蹞，無以見獸足之義，煩即番之假借。左傳公羊及國語俱有熊蹯之名（見左傳文元年、宣二年，公羊宣六年，國語楚語下），國策趙策三云「虎怒決蹯而走」，爾雅釋獸云「其足蹯」，是皆蹞之本字作蹯之證。自番而孳乳爲蹯，是猶止於經傳作趾，蓋以番止古借爲方國之名，亦借番爲狀勇之詞，借止爲禁止之義，故爾從足以示分別也。鬲於漢令作歷，無以象鼎鬲之形，厤乃鬲之借。翄或從氏聲作𦐖，無以示鳥翼之義，氏乃支之借。厚之古文從后聲作垕，無以示山陵之厚，后乃厚之借，墨子備穴篇云「壘石外𡌡」，𡌡正垕之本字。厚已從厂而示山陵之義，乃復從土作𡌡者，是猶防之或體從土作埅（見說文𨸏部），皆增益形文之後起字。良以厚防古并借爲方名，故緐其形文，以別於方國之名也。舞從無聲者無乃舞之初文（說見文字析義），篆文復從舛者，以示踸踊之義，其古文作𦏶者，所從亾聲乃無之借。亾義為逃，字從入乚，以示入于隱僻，不可相見，引伸為凡有亾之義，是以孳乳為目無牟子之盲，及心不省識之忘。亾無同音，古相通作，此所以迻於篆文假無作撫，舞之古文假亾作𦏶。它若無骨腊曰膴，日無色曰普，虛無食曰⿰禾巟，所從無竝荒聲，皆亾無之借。訓喜之悆，訓樂之娛，所從余吳二聲皆無之借，以示歌舞則樂，猶樂為聲音之總名，引伸而有愉說之義也。⿱齊禾從齊聲，以示為禾稷，其或體作粢，次乃齊之借。呂之篆文作膂，旅乃呂之借。素問氣穴論云「中䏶兩傍各五凡十穴」，標本病傳論云「三日背䏶筋痛」，斯正膂之本字從呂聲之證。蓋呂之從肉作䏶，猶昔之籀文從肉作⿱昔月（見說文日部），亦以呂借為律呂，昔借為夙昔，故復從肉作䏶⿱昔月，以別於假借之義也。巿之篆文作韍，犮乃巿之借。尻之作脽臀，隼殿為尻之借。先之俗字從朁聲作鐕，朁為先之借。⿰酉見之作⿰酉旦，旦為見之借。磬之籀文作殸，始見殷栔卜辭，於文為從殳之合體象形。其作磬者乃殸之後起字，古文作硜者，所從巠聲乃殸之借也。西爲鳥在巢上之形，其作棲者，妻乃西之借，論語憲問云「栖栖」，莊子至樂云「以鳥養鳥者，宜栖之深林」，盜跖云「古者民皆巢居，暮栖木上」，晏子春秋外篇云「擁轅執軨，木乾鳥栖」，是乃棲之本字作栖之證。從木者亦其巢於木，且以別於東西之西也。耼從冄聲，亦耳曼下垂如冄，冄即須之初文，其作聃者，甘乃冄之借也。姻從因聲，亦女之所就，籀文作婣者，𣶒乃因之借。姦當爲從女奻聲，示爭訟自厶之義（說文云姦從三女，其說未諦。），古文作𢙗者，旱乃奻之借。繭從芇聲，示蠶衣附體密纏，與蠶之大小相當，古文作絸者，見乃芇之借也。𨼹從𦏧聲，𦏧爲嗌之初文，以示兩𠂤之閒陝阬如嗌，篆文作隘者，與訓絞之縊，所從益聲并爲𦏧之借，於縊則以示絞加於咽也。雉從矢聲，猶彘從矢聲，謂其須䠶而獲，古文從弟聲作𨿅者，弟乃矢之借也。憁從悤聲，以悤之本義爲志慮通明（說詳說文正補），故自悤而孳乳爲中空之蔥熜，及洞穿之憁，或體作㤝者，松乃悤之借也。表從毛聲（說文僅以會意釋表，其說非是。），以毛附體外，所以示上衣之附於體外，古文作穮者，麃乃毛之借也。爾雅釋魚云「魚枕謂之丁」，夫魚頭枕骨形圓而似人頂，殷栔卜辭及西周彝銘之丁字并象其形，是即丁之本義，以物喻人，故自丁而孳乳為頂。籀文作𩕲者，鼎乃丁之借。自頂而雙聲轉注則為顛，自頂與首而雙聲孳乳則為頭顉題煩，自頭而疊韻緩言則曰髑髏，自髑髏而雙聲轉注則曰顉顱，是皆承頂首而孳生者也。飆從猋聲，乃以犬走之亂行，而示扶搖之無定，古文從包聲作颮者，包乃猋之借也。

徵之轉注，若禱譸俱從壽聲，以示祈求福壽，其作詶或紬者，州由二聲皆壽之借。釋斁俱從睪聲，以示解置皋人，其作赦或捨者，赤舍二聲皆睪之借。遘覯并從冓聲以示交會，其作遇或鬬者，禺斲俱冓之借。誡從戒聲以示警敕，其作誋者，忌乃戒之借。誇從夸聲以示言之誕妄，其作謣或詡者，雩羽并夸之借。譟從喿聲，乃以羣鳥之鳴而喻人聲囂亂，其作訬者，少乃喿之借。⿰言亞從亞聲以示訐人醜惡，其作馬者，馬乃亞之借。杪從少聲以示木末眇小，其作櫻者，嬰乃少之借。痀從句聲以示曲脊，其作傴者，區乃句之借。傜從䚻聲以示歌舞則樂，猶喜之從壴，以示陳樂則説，其作嗂者，䍃乃䚻之借。焯從卓聲以示火高則明，其作的者，勺乃卓之借。⿰黑凥從凥聲，乃以凥在人身之下，而喻滓澱在汁瀋之下，其作澱者，殿乃凥之借。湅從柬聲以示漸米存精，其作瀨者，賴乃柬之借。爰為瑗援之初文，字已從𠬪，而復從手作援者，是乃爰之緟形俗字，其作⿰扌虔者，虔乃爰之借。單之本義爲旂名，單爲旌旂之象形，說文釋單爲大，其說非是，說見殷栔新詮釋單。，戰從單聲，以示衛令師旅，其作鐔者，亶乃單之借。⿰女朿從朿聲以示謹行自朿，其作孎者，屬乃朿之借。絫從厽聲以示重疊增益，其作⿰食卑俾或裨埤者，卑乃厽之借。通街曰衕，以示行道之會合，其作衝者，童乃同之借，許氏以通道釋衝，斯爲衕之引伸義，非別一義也。高下曰陷，臽爲大陸以示其高，臽爲小阱以示其下，其作坎者，欠乃臽之借。莊子秋水篇云「埳井之鼃」，墨子節葬下云「滿埳無封」，晏子春秋內篇雜上云「爲壇三仞埳其下」，淮南原道云「足蹪趎埳」，楚辭七諫云「埳軻而留滯」，是正坎之本字作埳之證。陷亦從土作埳者，猶垝、垔、墫、阯之或作陒、陻、障、址，是亦形文同類而義通。凡此皆疊韻轉注之形聲字，其聲文固有假借者也。若鬣從巤聲，巤卽鬣之初文，其作䰕者，盧乃巤之借。劑從齊聲，以示齊斷，其作剤者，斉乃齊之借。刺從朿聲，以示刀鋒傷人，亦如木芒直刺，而異乎劉刃癹割，其作籍者，籍乃束之借。柢從氐聲，以示木根在下，其作株者，朱乃氐之借。帛從白聲，以示繒質之白，其作幣者，敝乃白之借。獠從尞聲，以示舉苣以田，即爾雅釋天所謂「宵田爲獠」，鄭風所謂「火烈具舉」之義，其作獵者，巤乃尞之借。說文釋獵爲「放獵逐禽」，是未知獵爲獠之借字，而謬爲之說矣。慰從㷉聲，以示昷詗乎人之心，猶㷉之以火平物之⿰糸㷉，其作⿰言妃者，妃乃㷉之借。亾者有無之本字，忘從亾聲，以示無心省識，其作忽慲者，勿㒼乃亾之借。懣從滿聲以示思慮煩亂，意气張滿，其作悶者，門乃滿之借。溦從𢼸聲以示𢼸眇之雨，其作濛者，蒙乃𢼸之借。美義爲甘，媄從美聲，以示女色之好，猶酣從甘聲以示飮酒之樂，其作嫵媚者，無眉乃美之借。坋從分聲以示土之細分則爲塵，猶米之細分則爲粉，其作⿱非土者，非乃分之借。亦若分別文曰斐，非亦分之借也。鈍從屯聲以示器之不利而礙難，其作錭者，周乃屯之借。是又雙聲轉注之形聲字，其聲文固有假借者矣。

證之卜辭古器，及先秦漢晉之載籍，有以知篆文爲假借者。若犅於卜辭作㓻（見孫海波甲骨文編，及三代六卷五五葉靜毁，八卷四四葉大毁。）㓻乃剛之本字，從刀网聲，以見勇破皐网，而示彊斷之義（說見文字析義），㓻從牛剛聲者，以示特牛之剛彊有力，篆文作犅，所從岡聲乃剛之借也。罝於卜辭作⿱网兔（見商承祚殷虛文字類編），從网兔聲，以示兔网之義。篆文作罝，所從且聲乃兔之借也。侸於卜辭作⿰亻壴或⿰女壴（見商氏殷虛文字類編，孫氏甲骨文編。），彝器有子⿰亻壴爵，其字作（三代十五卷二九葉），宛肖人立而擊壴鼓之形，適符訓立之義。篆文作侸者，所從豆聲乃壴之借也。通考西周以前之古制，皆因方國而受氏，彝器有[亻牽]祖口鼎（三代二卷十八葉）、[亻牽]毁（三代七卷二葉），審其字體，乃從牛自人聲，以示人引牛鼻而行，是必牽氏所作之器，當因牽邑而受氏（牽邑見春秋定十年）。漢有牽顯（見姓氏急就篇），魏有牽招（見魏志本傳），蓋其苗裔。篆文作牽者，所從玄聲乃人之借也。彝器有

乍從毁（三代六卷二六葉），其字隸定為騶，別有騶父辛鼎（三代二卷二八葉）、騶乍父辛尊（三代十一卷十五葉），騶父己觶

（三代十四卷四四葉）、驫父乙罍（商周金文錄遺二一一圖）、驫父丁罍（錄遺二一二圖）、驫父丁彝（錄遺五六圖），是皆驫氏所作之器。審其爲字，乃從二馬㒸聲。㒸亦屢見卜辭及彝銘，是即豩之古文，當以大豕爲本義，非如說文所謂「豕走豩豩也」，㒸於姓氏即豩韋氏之豩，其作驫者，乃犧之本字。驫於姓氏爲羲之初文，堯典有羲仲羲叔，彝器有倗乍羲妣鬲（三代五卷十八葉），是并驫之後起字，篆文作犧者，所從羲聲乃㒸之借也（說詳殷契新詮釋㒸）。卜辭有各谷二字，其辭曰丁卯各王受口。比夕谷，亾若（南北輔仁九二）。

片。又云比洛。其洛又正京津三九五六片。又云比洛止若。其洛又正粹編一六二片。作各者乃洛之初文，各義爲至，見於卜辭及彝銘者，不勝殫算。字從夂口，示倒止以入居邑，猶出於卜辭作出，示奔止以離居邑，其取義相同。此以各之形義證之，知其本義爲至，說文訓爲異詞者，乃其假借義。古文之口與凵相掍，故許氏誤爲從口也。卜辭用各爲祭名，義如堯典「歸格于藝祖」之格。蓋其初義即左傳隱五年「歸而飲至」之祭，反至必告，義見禮記曾子問，各告雙聲，故卜辭之𢓜及堯典之格，亦即祭名之告，以祭必冊告，故引伸爲一切祭祀之名。宗周鐘云「用卲各不顯祖考先王」三代一卷六十五葉，寧𣪘云「其用各百神」錄遺一五二圖，沈子它𣪘云「用𢓜多公」三代九卷三十八葉，斯乃祭名之引伸義。其非祭名而用爲來至之義者，則師虎𣪘云「王在杜宊，𢓜于大室」三代九卷二九葉，庚嬴卣云「王逄于庚嬴宮」三代十三卷四五葉，二器之𢓜逄，亦即它器之各，其從行省作𢓜案字之從彳者，乃從行省，行象交道之形，說文釋從彳亍，其說謬甚。，或從彳辵作逄者，皆各之緐文說詳文字析義。

，篆文作徦者，所從叚聲乃各之借。是猶祭名之洛，於周頌噫嘻、魯頌泮水、商頌烈祖，并借假以為洛。方言卷一云「假洛至也」，其以至釋洛，正符古義。其云假者，即說文之徦，乃洛之後起字，至與來同義，故方言卷二云「洛來也」。卜辭有⿷匚羊⿸匚羊二字，審其文義，乃為方國之名，而其構字，則為從匚羊聲，是即⿷匚羊之初文。字從羊聲者，猶養之從羊為聲，以示奉養之器。彝銘及篆文并作⿷匚羊，所從㞷聲乃羊之借也。嬴霝德毁之銘曰「嬴霝德乍觀毁」(三代七卷十五葉，察其構形，乃從丮食甶聲，所以示設飪於甶。卜辭作𩜀見孫海波甲骨文編、金祥恆續文編䬵字下。，彝銘作𤔲見三代七卷二三葉歔彔婦毀，乃從𠆢甶聲，是又䬵之初文，亦符設飪之義。篆文作䬵者，所從才聲乃甶之借也。彝器有𤇯鼎三代二卷四十九葉，鈇矦之孫鼎三代三卷十一葉，是乃鈇氏與鈇方所作之器。竅鼎云「師雝父偖衛至于鈇」三代四卷十三葉，偖讀如循，衛爲道之古文，即左傳僖五年之道國。「偖衛至于鈇」者，謂自道國至于鈇國也。遇甗云「師雝父佣使遇事于鈇矦」三代五卷十二葉，佣當爲從人月聲，義如尚書盤庚「越其罔有黍稷」之越，其云「師雝父俏使遹事于䟣侯」者，謂師雝父於是遣遹給事于䟣侯也。彔毀云「白雝父來自䟣」三代八卷三十五葉，凡此諸䟣，并為春秋傳三年「徐人取舒」之舒。宗周鐘云「䟣其萬秊畯保四或」三代一卷六十六葉，則假䟣以為自偁之余。審此可知䟣乃舒之古文，從舍夫聲者，所以示人之止息而伸展自如，篆文作舒者，予乃夫之借也。遣尊之銘曰「王在庌，錫遣采曰娍」三代十一卷三十四葉，義謂錫遣以采邑，其名曰娍，娍乃姐

之本字，從卣奚聲，所以示往奴之義。篆文作
姐者，所從且聲乃奚之借也。令鼎之銘曰「王
大藉農于諆田，餳王射」三代四卷二十七葉，農乃䢉之
古文，義謂王大行藉田之禮于諆田，於晝食之
後行射禮也。餳從昜聲者，昜乃從旦從勿，以
示日出高於旗上之義，是猶倝從旦㫃聲，以示
日出高在㫃中，其光赤倝之義說文勿部於昜字釋形非是，說詳文字析義。是則書食而作餳，形義密合。篆文作
餳者，所從易聲乃昜之借，蓋以示別於飴和饊
之餳也。彝器有歸乍父丁鼎三代三卷一葉，歸乍祖壬

鼎三代三卷十七葉，是乃歸氏之器。別有段金歸毁凡二器見三代六卷三十七葉三十八葉、段金歸尊三代十一卷二十三葉，則以段爲氏，金歸爲名。審歸之構字，乃從益歸省聲，以示歸物於人而有所增益，猶贈之從曾聲以示財貨之增也。古偁饋物曰歸，左傳閔二年云「歸公乘馬，歸夫人魚軒」，論語微子篇云「齊人歸女樂」，是即饋之初文。其作歸者，則饋之本字，篆文之饋所從貴聲，乃歸之假借。觀夫乘馬魚軒之屬亦偁曰歸，是知訓餉曰饋，非必限於酒食，此饋之古文所以從益作歸也。

姓氏之歸經傳作歸，春秋昭十一年云「夫人歸氏薨」，是其證矣。呂鼎之銘曰「王饔口大室」三代四卷二十二葉，臣卣云「隹十又二月王初饔旁」博古圖十一卷十八葉，臣辰卣云「隹王大龠于宗周，⿰彳占饔葊京秊」三代十三卷四四葉，諸器之饔，義并如大雅公劉「于豳斯館」之館，從食宛聲者，所以示食宿之處，篆文作館者，所從官聲乃宛之借也。彝器有⿱瓜皿●鼎三代二卷十四葉、⿱瓜皿●爵三代十五卷三十五葉三十六葉、是蓋⿱瓜皿方●氏所作之器。●為姓氏，故彝器有●庚爵三代十五卷二七葉、●乍從觚三代十四卷二九葉、父己觶積古齋鐘鼎款識二卷十二葉，丶乃主之初文，故彝器有令主父辛卣三代十三卷四葉，別有⿱爪皿爵錄遺四〇二圖、⿱爪皿父癸爵三代十六卷二二葉，斯爲⿱爪皿氏之器。其子彝父癸鼎三代二卷四〇葉，則以子爲其姓，⿱爪皿爲其氏，從攴作□者，乃⿱爪皿之緐文，卜辭亦有□□諸字，其辭之完整者，則云「辛亥卜王叀壬田□不雨」明藏一九〇一片，此卜王田于⿱爪皿方，是否無雨也。審其形義，乃從皿爪聲，以示洒手之義，是卽澡之古文，從皿者猶盥之從皿，以示洒滌之器。篆文作澡者，所從喿聲乃爪之假借。其於氏族，蓋因鄖邑而受氏也（鄖邑見春秋襄七年）。彝器有甗（三代五卷四葉），斯為⿵門射氏之器，從門射聲，以示城之闉闍，所以資望遠射敵也。篆文作闍，所從者聲乃射之假借。姓氏與方國未見⿵門射闍之名，蓋以易為它字，或以茁胤靡遺，是未可質言矣。彝器有小子尊（續殷文存卷上二十五葉，案諸書著錄此器并題為鼎，茲依方濬益之說訂正。），覈其文例與字體，當出殷商，殷之小子蓋如周禮夏官小子之職。⿱罒⿰弓廾者其氏，或為其名，審其構體，乃象盱視張弓之形，是即㱿之古文，而為從目從弓収聲。目在弓上者

，亦以見弓之大，措地而與人首相齊，適以示
其為張弩之意，且以別於射之古文，篆文作彀
者，㱿乃収之借也。彝器有  彝三代六卷一葉，是
為從  弓聲， 與它器之   為一字
見三代二卷十三葉，五卷十三葉．，斯為從大甶聲，以示載物
於頭，而為戴之古文說詳殷栔新詮釋甶。其作  者，
則為紘之本字，從戴弓聲，以示冠之卷維，係
頭貫笄，形曲如弓。亦猶車蓋若弓，故以弓名
之，周禮考工記云「輪人為蓋，弓鑿廣四枚」
者是也。篆文從糸作紘或紭者，猶冕之或作絻

（見說文冃部），以示絲織之義，未足示冠維與冠冕之義，其從厶弘二聲，亦無以示冠維之形，斯乃弓之假借。糸門雙聲，故於姓氏自紘而蜺變為閎，周初有閎夭（見尚書君奭），是又紘之後起字，蓋因泓水而受氏也（泓水見春秋僖二十二年）。自而蜺變為紘者，蓋以弔於卜辭從大作，於父癸彝作（三代六卷四十二葉），父癸尊作（三代十一卷十一葉），形近於，為避字體相亂，是以孳乳為紘，此固轉注之通則也。令塤三器之銘曰「令乍韶塤」，大室塤六器之銘曰「令嗣樂乍大室塤」，

豹塤二器之銘曰「豹乍韶鼎」，又云「豹乍鼎尸九成」見綴遺二十八卷二十八葉至三十四葉，凡此諸鼎，并爲從土員聲，員者圓之初文，以示其器之圓，篆文作壎者，重乃員之借。猶成王功之動，其古文作勛見說文力部，乃以員義爲物數，所以示功之勞績有等，懋賞有節，篆文作勳者，熏亦員之借也。說彝銘者，乃釋爲子抱壺形見方濬益綴遺十九卷二十二葉，釋爲㝵見阮元積古二卷十八葉，釋宗周鐘之鈇爲琱見西清古鑑三十六卷四葉，或釋爲割，而謂割與蓋通，又可借作匋見阮元積古三卷十葉，或釋𣪘，而亦

讀爲句見孫詒讓古籀拾遺中五葉，或釋𣪘謂爲昭王名瑕之本字，或疑爲厲王所名之胡見郭某兩周金文辭大系攷釋五十一葉，或釋遣尊之妜爲遣見羅振玉貞松七卷十九葉，或釋爲趕見吳闓生吉金文錄四卷十三葉，或釋令鼎之錫爲場見郭某大系攷釋三十葉，或釋臣卣之𩛥爲祭見博古圖十一卷十八葉，或以𩛥爲祭名見吳闓生吉金文錄一卷十五葉，于省吾殷絜續編釋督．，或釋盃爲手形擧見吳式芬攈古錄一之一第五葉，又釋爲手器形見攈古錄一之二第二十六葉，或釋爲手皿形，謂爲盥手之象見綴遺五卷二十二葉，或釋卜辭之𥁕爲盥見羅振玉增訂殷契考釋中六十八葉，或釋爲瓚見高田古籀篇七卷四葉，或釋關爲門射二字見攈古錄一之三第三十二葉，或疑爲榭之異文見綴遺九卷二十四葉，或釋爲射見攈古錄二之二第二十葉，吳榮光筠清館金文四卷四葉，方氏綴遺十八卷十七葉，孫詒讓古籀餘論二卷二十三葉．，或釋爲羿，而謂合羿射二字爲之見劉心源奇觚室吉金文述二卷一葉，或釋爲孫持弓形見西清古鑑十三卷四十一葉，或釋爲人持弓形見羅振玉三代目錄，或疑爲躬見劉體智善齋禮器錄七卷一葉，或釋爲子執弓見阮元積古一卷二十八葉，是皆未知文字之蛻變，及彝銘之文義，而妄爲謬說者矣。羊粻曰齛，除去曰渫，訓捈曰抴，訓系曰紲段注本據禮記少儀，於系上補犬字，其說非是。，所從世枼二聲并曳之借。曳者臾曳也，從申

厂會意，申乃紳之初文（見文字析義），示束縛之義，從厂者示拕引之義。齛為曳所孳乳者，示羊於食草之後，引出復噍也。爾雅釋獸云「羊曰齛」，斯正齛之本字。渫為曳所孳乳者，所以示滌曳汙薉，引伸則為一切發散除滅之義。左傳云「樂也洩洩」（隱元年），又云「言語漏洩」，又云「增淫發洩」（襄十四年），又云「洩命重刑」（襄二十二年），又云「以洩其過」（昭二十年），又云「言若洩臣不獲死」（昭二十五年），又云「不洩人言」（哀十六年），禮記云「振河海而不洩」（中庸），墨子云「流不發洩」節用中篇，又云「氣無發洩」節葬下篇，管子云「善為天下者，謹守重流，而天下不吾洩矣」山至數篇，鶡冠子云「幽則不洩」泰錄篇，韓非子云「毋敢洩吾所問於女」內儲說上篇，呂氏春秋云「突洩一熛，而焚宮燒積」慎小篇，是皆發散除滅之證。其於姓氏人名，則鄭有洩氏左傳僖七年，陳有洩冶春秋宣九年，吳有洩庸左傳哀二年，魯有杜洩左傳昭四年，楚有薳洩左傳昭六年，衛有左公子洩左傳桓十六年，鄭有公孫洩左傳昭七年，楚邑有脾洩左傳定五年，是皆渫之本字作洩之證。洩亦作泄，經傳所見彌多，說文釋泄為水，非其本義也。或謂唐人諱世因以齛為齥（見說文齒部齛字下段注），是未知從世之字而見於經傳及唐之石刻者，其數彌多，世民二字分用而見於唐之詩文者，亦為繁夥，而乃謬以本字為後世竄易，此誠一孔之見矣。訓捈曰抴者，卽曳之後起字，是猶巩之或作𢀜（見說文丮部），因之或作捆（見說文手部），亦巩因之後起字。周易云「見牛曳，其牛掣」（睽卦文辭），又云「曳其輪，濡其尾」（既濟文辭），唐風云「子有衣裳，弗曳弗婁」（山有樞），禮記云車輪曳踵」曲禮下，又云「負手曳杖」檀弓上，又云「擧前曳踵」玉藻，及儀禮士相見禮，左傳云「欒枝使輿曳柴而僞遁」僖二十八年，「輿曳柴而從之」襄十八年，孟子云「棄甲曳兵而走」梁惠王上篇，莊子云「曳尾於塗中」秋水篇，又云「曳縰而歌商頌」寓言篇，又云「推而後行，曳而後往」天下篇，爾雅釋訓云「甹夆掣曳也」，是皆抴之初文作曳之證。其作拽者，見說苑指武篇，新序義勇篇，斯正抴之本字。自曳而孳乳爲絏，以示爲繩索係束之義，猶自申而孳乳爲紳，以示爲絲織之義。左傳云「羈紲」（僖二十四年，襄二十六年、定八年），論語云「縲紲」（公冶長篇），管子云「紲繑而踵相隨」（輕重戊篇），離騷云「登閬風而緤馬」，王逸注曰「緤一作紲」，凡此可證紲、渫、抴、紲所從世枼二聲皆曳之借也。訓止曰𢧵，馬突曰駻，訓勇曰悍，訓盾曰𢧵，所從旱聲并干之借，干者盾之古名，於卜辭金文并象盾形，非如說文所謂「從反入」也（說文詳說正補）。觀夫兵之古文從干作併（見說文収部），良以干斤俱爲戎器，故相通作。干者所以蔽身抗敵，是以自干而孳乳爲𢧵與扞，亦自扞而雙聲孳乳爲抗。大鼎云「王乎善夫駿召大以氒友入攼」（三代四卷三十二葉），義謂王令膳夫駿召大與其屬員，入宮以資扞衛，是卽攼之本字從干聲之證。攼與扞爲轉注，扞從干聲斯爲本字，亦其一證也。凡執干禦敵必然奮勇突前，是以自干而孳乳爲駻與悍。淮南子氾論篇云「欲以樸重之法治旣弊之民，是猶無鏑銜策錣而御馯馬也」。其於姓氏，則戰國時有馯臂子弘（見史記仲尼弟子傳），斯可證駻之本字作馯，是猶胡地野狗之犴，亦從干聲而示凶猛之義也。所以知悍之本字從干聲者，彝器有楚王酓忎鼎（三代四卷十七葉）、楚王酓忎盤（三代十七卷十六葉），酓與楚王酓章鐘之酓（見辥氏鐘鼎款識卷六），并讀如熊，是乃楚王之氏，酓忎亦即史記楚世家之幽王悍，此可證訓勇之悍其本字固從干聲作忎。是猶勇之或體從戈作戚（見說文力部），皆以示用兵而气盛之義，篆文作悍者，旱乃干之借。武貌曰僴，與悍為轉注，所從閒聲亦干之借也。以干之本義為盾故亦從戈作戟，是猶矛之古文從戈作𢦔（見說文矛部），皆以示其為兵器也。彝器有乙戟鼎（三代二卷三十一葉），戟彝（三代六卷十八葉，戎乍卣三代十三卷二十一葉，是皆戎氏所作之器。別有戎刀爵三代十六卷二十七葉，則爲戎方刀氏所作之器。戎於方名及姓氏，并爲干之緐文，亦猶訓盾之戟，從戈者亦干之緐文，其作戰者，旱乃干之借也。訓法曰模，天池曰海，女師曰姆，所從莫每二聲并母之借，良以母爲子之法范，亦爲子之所由孳生，故從母聲之字有模范鉅大之義。新莽貨泉范見善齋泉錄六卷六十三葉、新莽貨布范見夢坡室獲古叢編卷七，其底銘并云「母二」，所云「母二」者，乃謂泉模之第二器。其初文作母者，示其為孳生泉布之具，從木作模者，猶戶之古文從木作床（見說文戶部），示其為木質也。海於古璽作海（見吳大澂說文古籀補），以示其為大水。娒於經傳作姆，以示其為保母。左傳襄三十年云「宋伯姬卒，待姆也」，儀禮士昏禮云「姆纚笄宵衣在其右」禮記內則云「妻不敢見，使姆衣服而對」，其初文則作母，彝器有保侃母段（三代七卷二十三葉）、保侃母壺（三代十二卷十二葉、錄遺二三一圖），凡此舉可證模、海、娒所從莫每二聲，皆母之假借。推類而言，則曉敎之誨，大瑣之鋂，所從每聲亦母之借。蓋母所以教子，故自母而孳乳爲誨，亦猶母之孳乳爲姆。鉧之從母諧聲，亦猶將指之拇從母諧聲也。治玉曰琱，訓獻曰雕，周并刀之借。彝器有戉玏祖辛觚（三代十四卷二十八葉），是蓋戉方玏氏所作之器，從刀聲而作玏者，亦以刀治玉，猶班之從刀以示分瑞玉之義。惟玏於姓氏乃刀之緐文，於治玉之義則玏爲本字，此其所異也。新書禮篇云「攫齧搏擊之獸鮮，毒蠚猛虭之蟲密」，夫言猛虭，則知虭爲雕之本字，從虫者示其爲羽蟲，從刀聲者，猶鷹之古文從斤作雅說見說文正補，以刀斤皆爲兵器，示其勇於殺戮也。推類而言，若琢文爲彫，半傷爲凋，所從周聲亦刀之借，於琱彫之從刀，以示治琢之器。於凋之從刀，以示傷害之義。凋從仌者，示艸木傷於仌凍之時，猶斳之從仌，其從刀者，猶斳之從斤也。麑子曰麛，魚子曰鮞，所從弭而二聲乃兒之借，論語鄉黨云「素衣麑裘」，韓非五蠹云「冬日麑裘」，其云麑裘，即禮記玉藻、及呂覽樂成之麛裘，管子四時云「無殺麑夭」，五行云「不夭麑麌」，國語魯語上云

「獸長麑麌」，鹽鐵論散不足云「掩捕麑鷇」，韓非說林上云「孟孫獵得麑，其母隨之而啼」（亦見淮南子人間篇，說苑貴德篇，字并作麑。），凡此諸麑，并即禮記月令「毋麛毋卵」之麛。案禮記檀弓云「鹿裘衡長袪」，玉藻云「大夫齊車鹿幦豹犆」，墨子非樂上云「麋鹿以爲衣裘」，國策楚策一云「令尹子文鹿裘以處」，晏子春秋內篇雜下云「晏子衣麋鹿之裘」，禮記內則云「秋宜犢麛」，又云「牛脩鹿脯」，少儀云「麋鹿爲菹」，管子大匡云「令齊以豹皮往，小侯以鹿皮報」，小匡云「鹿皮四分以為幣」，是皆古以麋鹿為衣食之資，亦以鹿皮為貨幣之用，是知論語與韓非之麑裘，管子及國語之麑麇，皆為鹿子之名，非爾雅釋獸狻麑之麑，篆文作麛者，弭乃兒之借也。莊子庚桑楚云「尋常之溝巨魚無所還其體，而鯢鰌為之制」。外物云「夫揭竿累趣灌瀆守鯢鮒，其於得大魚難矣」。新序雜事一云「尺澤之鯢豈能量江海之大」，是并鮞之本字從兒聲之證。篆文作鮞者，蓋以示別於刺魚之鯢（見說文魚部），與鯨鯢之鯢也（鯨鯢見左傳宣十二）

年。行迹曰謚（謚篆從段注本校改），訓更曰代，益弋并易之借，禮記檀弓下云「公叔文子卒，其子戍請謚於君曰請所以易其名者」，此可證謚爲易名之典，固取義於易聲。易之本義爲變易（說詳殷契新詮釋易），引伸爲凡更易之義，蓋自易孳乳爲訓輕之傷，故假弋而爲代，以示別於傷也。目不相聽曰睽，癸乃乖之借，謂其乖戾不順。周易序卦云「睽者乖也」，以乖釋睽此其證矣。人所帶兵曰劍，僉乃夾之借，以示人所夾持。楚辭九章、國策齊策四、及史記孟嘗君傳，所云「長鈌」，亦即楚辭九歌、莊子盜跖、及鹽鐵論殊路篇、說苑建本篇、善說篇、指武篇之「長劍」，異於莊子說劍篇所云「韓魏爲夾」之夾。恐蓋以示別於持冶器之鋏，故借僉以爲夾也。恐懼曰虩，省乃見之借，以示見虎而懼，莊子天地篇云「覤覤然驚曰」，是即虩之本字。外物篇云「憚赫千里」，則又假顯赫之赫以爲虩也。弓衣曰韔，長乃弜之借，示其以臧二弓，秦風小戎云「虎韔鏤膺，交韔二弓」，魯頌閟宮云「二矛重弓」，是知古之介士其操弓矢者，人必重弓，重弓而共一韣，故曰「交韔二弓」，長蜀同爲舌音，故自韔而孳乳爲韣也。足衣曰韤，蔑乃末之借，以示著於肢體，古以末喻四肢，左傳昭元年云「風淫末疾」，管子內業云「飽不疾動，氣不通於四末」，斯其明證。淮南子說林篇云「韎則屨襪之」，正爲韤之本字，篆文作韤者，蓋以示別於韎韐之韎也（韎韐見小雅瞻彼洛矣，儀禮士冠禮，士喪禮）。禾稾去皮曰稭，皆乃革之借，猶之獸皮去毛而曰革。禮記禮器云「莞簟之安而稾鞂之設」，郊特牲云「稾鞂之尚明之也」，是乃稭之本字從革聲之證。禹貢作秸者，則為稭之或體，漢書地理志引禹貢作戛者，則又鞂之借字也。訓匏曰瓠，夸乃壺之借，幽風七月云「七月食瓜，八月斷壺」，是其明證。蓋以形之似壺，故名曰壺，亦猶棗之似壺者曰壺棗，其似羊矢者曰羊棗（見爾雅釋木），皆以比擬為名也。訓額曰頟，各者角之借，乃以獸角而喻人額，孟子盡心下云「若崩厥角稽首」，國語鄭語云「角犀豐盈」，國策中山策云「犀角偃月」，是并以角而名額。墨子經說下云「非力之任也，爲握者之觵倍」，斯乃以觵爲角力之義（角力見禮記月令、韓非子外儲說左下，淮南子時則篇。），此正領之本字作觵之證也。犬可習爲狎，甲乃夾之借，猶狃從丑聲，皆以示夾持撫弄之義。禮記王制云「幅廣狹不中量」，禮器云「禮之大倫以地廣狹」，樂記云「廣則容姦，狹則思欲」，管子八觀云「田野淺狹者，不足以養其民」，小匡云「列廣地以益狹地」，白心云「德行修者王道狹」，地員云「其種白稻長狹」，弟子職云「後至就席，狹坐則起」，山權數云「不以狹畏廣」，山至數云「國之廣狹有數」揆度云「以狹爲廣」，輕重甲云「地非有廣狹」，孫子計篇云「地者遠近險易廣狹死生也」，墨子備梯篇云「使度門廣狹」，備穴篇云「隊之廣狹」，荀子修身篇云「狹隘褊小，則廓之以廣大」，君道篇云「耳目之明，如是其狹也」，禮論篇云「積薄者流澤狹也」，性惡篇云「狹願廣」，韓非子外儲說右上云「纖組而幅狹於度」，難一篇云「所問高大而對以卑狹」，逸周書文傳篇云「土狹無食可圍竭」，文子守弱篇云「富貴廣大守以狹」，晏子春秋內篇諫上云「先君桓公之地狹于今」，國策齊策五云「地狹而好敵」，凡此皆假狹以為訓隘之陜，是可證狎之本字作狹，故爾雅屢見書傳也。訓憯曰怛，旦乃刀之借，猶訓傷曰愴，倉為刄之借，所以亦其心如刄傷。詩云「勞心忉忉」（見齊風甫田，檜風羔裘），爾雅釋訓云「忉忉憂也」，忉正怛之本字。詩又云「勞心怛怛」（亦見齊風甫田），怛乃忉之雙聲轉注字，是承忉義而孳乳也。角弓曰弲，肙乃弮之借，漢書司馬遷傳云「張空弮冒白刃」，正為弜之本字從犇省聲之證，義謂張無矢之弓以犯白刃也。一臿土為坺，謂土經一發，國語周語上云「王耕一墢」，是即坺之本字。篆文作坺者，犮乃發之借。坺之別一義為塵皃者，乃謂土之散發，取義雖異，構字則同。是皆徵之卜辭古器，及漢前載記，确乎可信形聲字之聲文有假借者也。

抑又考之，形聲字不唯聲文有假借，即其形文亦有假借。若足蹋艸之癹，所從之癶乃芻之借，以芻癶古音同屬謳攝，故借癶為芻也癹從𣥠聲，說文僅以會意釋之非是。馬行皃之⿰足癹，所從之足乃馬之借，以足馬古音同屬烏攝，故假足爲馬也。面生气之皰，所從之皮乃面之借，以皮於古音屬阿攝，面屬安攝，對轉相通，故借皮爲面。晉竺法護所譯正法華經卷十有靤字，斯乃皰之本字，見於典籍之證。唐慧琳一切經音義卷三十九云「皯亦作⿰面干」，可徵皮面通借，唐以前所經見也。豆屬之𧯷，豆飴之𧯛，所從之豆，并借食器之名，以爲尗荅之義，蓋以尗豆古音同屬舌耑，故借豆爲尗。說文尗部載菽之俗字從豆作豉，此正借豆爲尗之證也。不見之否，所從之日乃視之借。不順之婼，所從之女乃毋之借，猶毒之從毋以示無行之義。從若聲者，以若之本義爲順也（說詳說文正補釋若）。訓惡曰嬰與譏，爲疊韻之轉注字，譏之從幾乃毀之借，嬰之從女乃語之借也。有所恨痛爲㛴，所從之女乃怒之借。殺羊出胎曰⿰歺豈，所從之歺爲牽之借，所從之豈爲闓之省聲，乃示開腹以出小羊，闓開則又启所孳乳之識音字也。爾雅釋水云「汎汎揚舟，紼縭維之，紼繂也」。繂即說文縈部之彝，所從之彝乃索之借。漢書藝文志引孔子曰「索隱行怪」，禮記中庸作「素隱行怪」，此索素相借之證。彝從率聲者，以示其維舟而形如捕鳥之率，是猶星之似箕、斗、畢、彗者，名之曰箕、斗、畢、彗（見小雅大東，及史記天官書），草之似綸、組、帛、布者，名之曰綸、組、帛、布（見爾雅釋草），山之似甗者曰甗（見爾雅釋山），邑之似蔥者曰蔥（見爾雅釋器），尊彝之承槃，似濟渡之舟，故名曰舟（見周禮春官司尊彝），戈援之下曲，如牛顫之胡，故名胡（見周禮考工記冶氏），地之窊下似甌臾者，名曰甌臾（見荀子大略篇，物之有孔如鼻可以貫穿者，名曰關鼻見墨子雜字篇，龜瓦之背隆高，故偁麋背曰龜見左傳宣十二年，偁盾脊曰瓦見左傳昭二十六年，人獸之脊如榦，故亦偁脊曰榦人脊曰榦，見公羊傳莊元年；獸脊曰榦，見儀禮特牲饋食禮。，軍陬之行列如鸛鵝，故曰鸛鵝見左傳昭二十一年，芋子之毛色如鴟梟，故曰蹲鴟見史記貨殖傳，是皆以物而擬物。屈肘似戟曰戟手見左傳哀二十五年，伸足如箕曰箕踞見莊子至樂篇、國策燕策三、，立而頫身曰磬折見禮記曲禮下，管子弟子職，莊子漁父篇。，伏而前進曰蛇行見國策秦策一，是又以物而擬人。量器之下曰臀，其供奉持者曰耳見周禮考工記㮚氏，弩機之柄曰臂，其資鉤弦者曰牙見釋名釋兵，磬之上耑曰股見考工記磬氏，鼎之下基曰足見周易鼎卦文辭、管子大匡篇，墨子耕柱篇．，埽帚之末似鬣故曰鬣見禮記少儀，儀禮既夕禮．，水井之邊如眉故曰眉見漢書陳遵傳，斯則以人而擬物。其於造字亦然，此所以瓠取象於圜器之壺，彝取象於捕鳥之率也。以匏彝之本字作⿰酉包彝證之，可知形聲之字，固有形文假借者也。亦有形聲并借者，若趽趼所從之足并馬之借，其方聲乃九之借，以示趽爲曲脛之馬。其幵聲乃企之借，以示趼爲獸足之企。躧所從之足乃舞之疊韻借字，所從麗聲乃屐之雙聲借字，以示其爲舞屐。蓋蹁、趽、跛、躧本皆從足，古之足足二字形體無異，是以說文誤以爲從足也。商所從章聲乃[illegible]之雙聲借字，其所從之肉乃内之同音借字，以示從外知内也。訓許曰⿰臣言者，言與獄所從之言皆辛之借，臣乃指之借，以示指斥其辠，說文云「⿰臣言從臣聲讀若指」，是即臣爲指借之證也。持弩拊曰弆者，肉乃臼之借，収乃弓之借，從臼者示撫持也。蓋杠系曰鞙，革乃蓋之借，旨乃系之借。車軾中把曰鞃，車束曰䩛，車駕具曰鞁、䩪、䩤，諸字所從之革并車之借，弘乃厷之借，必乃福之借，皮乃葡之借，官乃完之借，豆乃具之借。於鞃以示把手凭臂，於䩛以示福束其車，於鞁、䩪、䩤則以示車駕之葡具也。面黑皮曰皯，皮乃面之借，干乃䵟之借。䵟從幵聲則又幵之借，以幵為下基，引伸為凡卑下之義，足止為人體之下基，故自幵而孳乳為䵟，乃以喻黑皴生於足止也。脣瘍曰胗，肉為毒之借，㐱為脣之借，以示脣有毒害之義。脣從辰聲者，辰爲蚕之初文，以示口耑之形如蚌蛤也。辰爲象形，而說文以形聲釋之，失其義矣（見說文正補）。牛顄垂曰胡者，肉與胘、膍、䐳、𦟍所從之肉，并爲牢之借，古爲亢之借，以示牛顄下垂，乃附於頸也。通檢卜辭，大牢之字并爲從牛，小牢之字并爲從羊，是知牢之初義專以名牛，而不兼及羊豕，此所以篆文假肉爲牢之字，亦專以僃牛也。北方謂鳥腊爲腒者，肉與腒所從之肉，并爲鳥之借，居乃乾之借。訓宲曰靜，青乃晶之借，爭乃省之借，示省察明諦也。東之東文曰棨，木乃東之借，殺乃轉之借，示東於轉也。視不諟曰仿，人乃瞋之借，方乃忘之借，謂視之而不省識也。引爲賈曰僞，人乃引之借，焉乃益之借，謂張大而益其值也。訟面相是曰俙，人乃辡之借，希乃諧之借，示爭訟而貌和諧也。訓擇曰覒，見乃東之借，毛乃𠬪之借，謂經東選而取之也。盛气怒曰歜，蜀乃盛之之借，欠乃气之借。厲石赤色曰磏，兼乃厱之借，以示爲厲石，石乃赤之借，以示爲赤色也徐鉉本說文云磏厲石也，一曰赤色，是以赤色爲別一義，其說非是，茲依徐鍇本。。恨賊為猜，犬乃悁之借，青乃戔之借，戔賊雙聲，而知青為戔之借者，以其韻部亦旁轉相通也。議辠曰瀱，獻為言之借，水為辠之借，許氏乃曰「瀱从水獻與灋同意」，是未知有假借造字之法，故曲為之說。經傳或作讞者，乃省形益聲之字，猶豕之蛻變為豨，亦省形益聲之字也（說詳殷栔新詮釋豕）。愾從氣聲乃⿱大弗之借，心乃息之借，以示大息也。掤從朋聲乃勻之借，手乃矢之借，以示為覆矢之韇圅也。乘輿金耳為靡（依段注本訂），耳乃飾之借，麻乃輢之借，輢卽車旁之輒，象如人耳，故以耳爲名，以金飾車耳，故知聲爲飾輢所孳乳也。夫母爲姑，古乃夫之借，女乃母之借。考之金文女母毋三文通作，益以女毋疊韻，毋母雙聲，是以音近互通。蜀謂母爲姐，淮南謂之社者，所從且土二聲，與女古音同部，是亦承女而聲轉，可徵女有母義，亦古之方俗殊語也。易使怒爲嫳，怒皃爲嫖，女并怒之借，敝乃旻之借，示因人目使而怒，適以言其怒之易也。㶾乃爇之借，以示盛怒色赤也。疾言失次曰媨，訓誹曰姍，女皆語之借，舌乃叀之借，姍訕所從刪山二聲，并戔之借，以示語相戔害。語從吾聲，則又五之借，以示言相交啎也。臥而曰⿰氐垔者，氐乃尸之借，以示偃臥之形，垔乃旨之借，以示臥有凭依，猶凥処之從几，孟子所謂「隱几而臥」（見公孫丑下篇）者是也。斤釜穿曰鑿，金乃斤之借，巩乃空之借，示斤斧所穿之柄孔也。案淮南子原道篇云「婦人不孀」，修務篇云「以養孤孀」，孀所從之女乃夫之借，霜乃喪之借，是說文失載之字，亦有形聲并借者也。自餘說文所遺之字，其聲爲假借者，則多不勝舉，固在不議之科矣。徵之彝器有爵、爵三代十五卷四葉、彝三代六卷三葉、父辛鼎三代二卷二十八葉、父丁爵三代十六卷八葉、父己爵三代十六卷十三葉，是皆屠氏之器，卜辭亦有刻字而爲方國之名說詳殷契新詮釋刻，可證篆文之屠所從之尸乃豕之同音假借，所從者聲乃刀之雙聲假借者屬照紐，古音與刀同屬端紐。。野於卜辭及克鼎作埜見孫氏甲骨文編，金氏續文編，克鼎埜字見三代四卷四十一葉．，亦見晏子春秋外篇，呂氏春秋愛士篇，及漢書司馬相如傳，從林土聲，以示與林相連，爾雅釋地

云「野外謂之林」者是也。篆文作野者，里乃林之雙聲假借，予乃土之疊韻假借。此俱形聲字形聲皆假之塙證也。屠之初文，當以殺豕為本義，引伸則為一切宰殺之名，說文以刳釋屠，猶與本義隔越，乃以未知其初形故也。說文載野之古文從予聲作壄，斯乃埜之重聲俗字，非如說文所云「從里省」也。以形聲字形文有假借，故於會意字亦有假借。若犛所從之毛乃尾之借，以示犛牛尾也。皀、卓、𡿺、卬、及卓、皀所從之匕并比之借，於皀以示比合，於𢆉以示比次，於𡿺以示連比附著，於卬卓𠂤則以示比擬。㖟之從丙乃匕之借，以示隱藏屛側說見下文匕比二篇。曡之從宐乃多之借，其所從之晶乃曐之初文，假宐為多者，以示曐多重積說詳說文正補。豙之從辛乃忍之借，以示豕怒毛豎二徐本說文并誤作從豕辛，段注本篆文從𢆉不誤，而釋曰從豕辛者，則說亦非是。，獄之從言乃辛之借，以示守圉𡴘人。奴之從女乃圉之借，以示為𡴘隸，從又者以示其服役。緐之從每乃馬之借，以示馬髦之飾。亦有二文并借者，若恤問曰存，子為巛之借，才為詞之借，亦因巛害而弔問，此皆會意字之假借也。求之古文，亦有成證。案說文𠫓部載育或作毓，是乃從每㐬會意，毓與海娒所從之每皆母之借，於毓之從母以示母之生子。卜辭多見每字，亦多見毓祖乙，毓祖丁之名，其字并從母毋或女（見孫海波甲骨文編、金祥恆續甲骨文編附錄一），而末一見從每者，𢿱卣云「用作⿰中每祖丁隮」（三代十三卷三十八葉），其名其字俱合卜辭，必為殷器，𠫓在母下而有血瀋，正象產子之形。毓於呂中僕爵作⿰女每（三代十六卷四十葉），與𢿱卣構體相合，古文女母互通，故其字亦從女，是可覘毓所從之每，實母之借，此會意字固有假借之明徵矣。許氏引揚雄之謬說以釋疊，復誤以㐭毓為形聲，是皆於六書之假借，未明底蘊，故爾陳義乖剌，以至如斯也。

以先民於造字用字并有假借，故有三義或二義睽孤，而合為一字者。若趯趚所從翟聲乃苟之借，朿乃竦之借，示其行之謹敕也。趯之別一義為行曲脊皃者，翟乃痀之借，示曲脊而行也。怒不進為趚，乃從試省聲，其別一義為鷙者，乃鷙之雙聲借字也。訓遠為逴，以卓義爲高，高遠其義相附，故自卓孳乳爲逴。其別一義爲蹇者，卓乃弱之借，示其行之跛曲也。以錐有所穿曰𥥍，從矛者乃示錐銳如矛，從矞者則爲內之借，以示穿入之義。其曰滿有所出者，矛爲滿之借，矞爲出之借也。譱言爲譏，當以譱爲本字，其別一義爲謔者，當以譏爲本字，謂以言相戔戲也。訓共曰詷，謂人所共言也。其別一義爲識者，乃從侗省聲，示其爲誇誕之大言也。往來言爲謟，匋乃復之借。其曰小兒未能正言者，與嘎爲轉注，匋夏并幼之借，以示幼兒之言音無定準。其曰祝者，乃禱祝之借也。積竹杖爲欑，乃從竹贊省聲，示積竹器之義，從木者示杖義，猶杖梲之從木。其曰穿者，與鑽鐫爲轉注，所從贊雋二聲并爲敂之借，示穿通之義也。其曰叢木者，贊乃族之借，示木之相聚而生，猶氏族之相聚而居也（案族當以姓氏聚居爲本義，說文以矢鏃釋族，其說非是，說詳說文正補。）。副馬爲騑，付乃副之借。其曰近者，付乃比之借。其曰疾者，付乃赴之借，示馬走之速也。訓高曰懘，一曰極，其曰極者，所從帶聲乃棟之雙聲借字。

其曰高者乃引伸義，猶極之引伸爲高遠之義，從心者示思慮之高。其別一義爲困劣者，帶乃劣之借，自劣而孳乳爲慸，猶㥑之孳乳爲怮悠，皆自會意而孳乳爲形聲也。訓忘爲悆，余乃無之借，猶忘從亾聲，并以示無心記識。其曰嘾者，爲嘾之雙聲借字，覃又窔之借。自窔而疊韻孳乳爲嘾，自嘾而雙聲假借爲悆，此悆所以與窔聲韻俱乖也。其別一義爲喜者，與娛爲疊韻轉注，余吳二聲并舞之借，以示歌舞則喜，猶喜之從壴而會意也。齒相斷爲齘，此乃切之借，示相切䃺也。其別一義爲開口見齒皃者，此乃启之借，示启齒也。足不正之蹁，扁乃𣥠之雙聲後起字，其曰拖後足馬者，足乃足之譌，足則馬之借也。失气言爲讋，與謵讋爲轉注，所從龖習二聲并執之借，謂因皋悚懼而言，口气不調也。其別一義爲言不止者，乃沓之借。說文釋讋爲讋讘，亦以讋有多言之義者，益以假讋爲讘，故構爲同義疊語也。訓禁之敔，吾乃五之借，從攴者示以兵械交五而扞衛。彝器有二敔毁，其一銘曰「敔作寶毁」三代六卷四十六葉，其一銘曰「王蔑敔曆」（三代八卷四十四葉），并從二五，以示相對交五之義，斯乃敔之本字，是猶悟之古文作𢙈（見說文心部），亦悟之本字。彝器別有敔殷（博古圖十六卷三十六葉），石鼓文云「其奔其敔」（薛氏鐘鼎款識卷十七），乃從善聲者，則又敔之後起字也。敔之別一義為樂器者，吾乃虎之借，示其形如伏虎也（段玉裁謂一曰樂器以下十一字為後人妄增，其說謬甚。業敔為樂器見尚書益稷，周禮小師，禮記月令，及呂覽仲夏紀。形如伏虎見爾雅釋樂郭璞注，說文作木虎，木益伏之譌。）。察視為督，叔乃䫑之借，謂䫑視而審察之也。其別一義為目痛者，叔乃毒之借，示因毒害而痛也。目傷爲眵，多乃它之借，它爲傷人之蟲，因以示傷目之義也。其別一義爲瞢兜者，與兜爲雙聲轉注，多與瞢并兜之借，所以示冡蔽也（說文釋兜爲首鎧，其說非是，說詳說文正補）。羽生曰翦，歬爲才之借，乃以艸木之初生，而喻羽之初生。其別一義爲矢羽者，乃從箭省聲，以箭亦矢之別偁也。羽本曰翭，侯爲後之同音借字，示其在羽後也。其別一義爲羽初生者，侯爲弓之雙聲借字，乃以彎之初生而喻羽之初生也。羊未卒歲曰䍨，兆乃小之疊韻借字，示其幺小也。其別一義爲羠羊百斤ナ又者，兆乃大之雙聲借字，示其體大也。羊相廁曰羼者，示羣羊𦎧集屋下之形。其別一義爲相出前者，尸乃夊之借，羴乃犇之借，示從後至犇也。鳥聚爲雥，分乃君之借，猶獸之相聚爲羣，人之聚居爲宭也。其曰飛皃者，分乃飛之借，分飛雙聲，故假分爲飛，猶𩇯之假非爲分也。牛百葉曰膍者，肉乃牢之借，毘乃菡之借。其別一義爲鳥胃者，肉乃鳥之借。鳥胃亦曰胵者，至亦菡之借。二字形文相同，而有牢鳥之別，其聲雖異，而音出同原，菡者胃之所臧，此所以皆有胃義，而於臆則合二義爲一字也。訓斷曰劃，乃斬所孳乳之識音字。其別一義爲剽者，毚乃先之借，以砭刺之鍼石，其銳如先也。木頂爲槙，當從顛省聲，乃以人頂而喻木頂也。其曰仆木者，眞乃塵之借，亦木仆於地也。角械爲槲，郤乃屰之借，猶敔從吾聲而爲五之借，並以示交牾也。其別一義爲木下白者，郤乃㡡之借，亦其非全白也。訓所爲櫑，與斷爲轉注，皆斷所孳乳之識音字。其別一義爲斤柄性曲者，屬乃曲之借也。訓譯爲囮，化乃匕之借，口乃敺之借，謂變其語言以殺人也。其別一義爲率鳥者繫生鳥以來之，化乃僞之借，從口者猶囹圉之從口，謂詐惑而因繫之也。穫刈爲穧，齊乃劑省聲。其別一義爲撮者，是撮之聲轉借字，撮從最聲乃尐之借也。目病爲⿸疒馬，馬目雙聲，故假馬爲目。其曰惡气箸身者，惡之初文爲亞，馬亞疊韻，故假馬爲亞，猶罵⿰言亞轉注，亦假馬爲亞也。馬脛瘍曰⿸疒兊，兊乃駾省聲，亦馳馬而傷脛也。其別一義爲捋傷者，兊乃寽之借，亦因持物而傷也。設邑治絲之工為㡃，巟乃匚之借，猶摶埴之工為瓬，方亦匚之借，皆以示工匠之名。其別一義為隔者，則與幏、幔、幭、幠為轉注，當以幏為本字，非以㡃為本字也。髤布曰𢄼，敄乃髤之借。其別一義為車衡上衣者，敄乃輈之借，以衡附於輈，舉輈所以包衡也。便利曰佽，次乃疾之借，猶訓佽之使所從吏聲，俱取疾速之義。其別一義為遞者，謂相次易，是乃次之轉注，從人作佽者，猶佼之與交，伀之與公，佮之與合，僖之與喜，音義相同也。新衣聲曰裻，所從之叔乃以狀聲，無取本義。其別一義為背縫者，與⿰衤毒為轉注，所從叔毒二聲皆督之借，蓋以背縫與膂骨相當，故以曲膂而示背縫之義也。訓卒曰褚，乃從褚省聲，以示隸人衣褚。其別一義為裝，所從者聲乃宁之借，以示辨積衣物，者宁通借，猶楮之或作柠也。伏皃為㞫，辰乃乚之借，所以示隱伏。其別一義為屋宇者，與宸為轉注，辰乃囷之借，從山尸者，象其頂壁之形，猶屋層扉所從之尸，非象臥形之尸也。訓夯曰覞欽，見气并匄之借，豈欠幷吉之借，亦睎求吉祥也。欽之別一義爲口不便言者，與吃爲轉注，所從气聲乃艱之借，亦其艱於言詞也。鬼服曰魃，與鬾爲轉注，其別一義爲小兒鬼者，支乃兒之借，猶衰視之睨與旁視之覞，所從兒聲爲支之借也。屋麗婁曰廔，謂房屋通明。其別一義爲穜者，謂種植之具，乃椵之假借也。胡地野狗之犴而從干聲者，猶駻之本字作馯，皆以示其凶猛。犴而有獄義者，干爲辛之借，猶獄所從之言爲辛之借也。馬白頟爲馰，勺乃的之省。其別一義為馰者，勺乃卓之借，示其為高材疾足也。壯馬為駔，且乃壯之借。其別一義為駔會者，且乃殂之借，馬乃賈之借，謂交通彼此之市儈也。騰從朕聲，朕乃謄之省，以示傳遞文書。其別一義為犗馬者，是乃騬之借，非騰之本義也。犬吠不止為㺌，兼乃凵之借，示張口不止也。其別一義為兩犬爭者，則以㺌為本字，以示二犬并爭，猶縑從兼聲，以示并絲繒也。急性為㥛，以示性行疾亟，其別一義為謹重皃者，亟乃茍之借，以示心存敬慎也。水入船中爲淦，金乃彤之借，示船行而水入也。其別一義爲泥者，金乃墁之借，示雨水之漬地成泥也。泥水淊淊者，謂雨水瀵地成泥，因躔踐爲臽而水滿之皃。其別一義爲纅纅絲湯者，臽乃鬻之借，示煮鬻以纅絲也。以水沃曰淋，林乃霝之借，示其由上而下如雨零之象。其別一義爲山下水者，謂水自山林而下，是即淋之本義也。開閉門利曰關，是乃關之本義，從𢇍聲而示便利者，猶弓便利曰彎。關之別一義爲縷十紘者，是乃縷之假借，縷從婁聲則又夲或𠦍之借，取十數之義也。訓諦曰媞，與諦爲轉注，所從之女乃語之借，猶諦之從言，皆以示言詞審悉也。其別一義曰「江淮之閒謂母爲媞」者，所從是聲乃匙之省，猶籀文之𡚱而從匕聲，皆以匕匙象女会之形，故以爲母之偁也。含怒爲嬒，會乃含之借，女乃怒之借。其別一義爲難知者，則與歔爲轉注，從女猶從人，示人心之難知也。訓亂爲縮，宿乃[木敝]之借，謂絲之[木敝]亂也。其別一義爲蹴者，是乃蹴之借，猶蹴引之揂，宿爲就之借也。扁緒爲[折糸]，折乃㳄之借，示其如弩葉之下垂也。其別二義為弩要帶者，糸乃弦之省，弦所從之8即糸之古文，折乃帶之借，猶摕之或作⿱折示也。絺之細者為縐，芻乃毳之借。其別一義為戚者，芻乃族之借，謂相聚積也。訓履曰⿸户糸，户乃步之借，示行步之所資也。其別一義為青絲頭履者，户乃荹之借，示其如艸色之青，猶碧從白聲亦荹之借，而示石之青也。以桼穌丸而髤為垸，完乃丸之借。其別一義為補垣者，完乃院之省，院者寏之或體也。車樘結為銴，折乃樘之借。其別一義為銅生五色者，折乃繪之借。大陵曰阿，可乃奇之借。其别一義爲曲宜者，可乃句之借。如此之流，其初本爲三字或二字，以有假借之故，因合爲一字，甚至無一義而與字形契合者，斯則假借之病也。惟亦有不得不然者，葢自象形指事而衍爲會意形聲，或據本義而造字，或以引伸而造字，或資比況而造字。意之紆譎者，或取其一耑。音之龐差與形之殽掍者，因分爲轉注。錯綜辨道，增變日緐。徒以象形指事其數惟寡，因是而孳乳爲會意形聲，故有字形相同，而聲義互異者。有形聲相同，而義訓各別者。有形義相同，而音讀乖戾者（說詳殷絜新詮釋由）。是知假借造字，非唯先民昧其初形本義，而有茲軌躅。亦以甄別字形掍亂，故有賴于假借也。

夫用字假借，有無本字之假借，及有本字之假借，其於造字亦然。若訓別之八，借為計數之名，因是而孳乳為馬八歲之馴。求為裘之古文，借為匃求之義，因是而孳乳為穴中求火之叜。止乃趾之初文（說文無趾字，而經傳多見），借為禁止之義，因是而孳乳為止行之疐，及止戈之武。

簸箕之其，借爲指示之詞，因是而孳乳爲復其時之稘。瑞麥之來，借爲徃來之義，因是而孳乳爲勑來之勑。荐物之且（案且象廟室之形，亦象荐物之形。猶匕象人傾頭之形，亦象飯匙之形。），借爲將然之詞，因是而孳乳爲且往之⿰豦且。相背之韋，借爲皮韋之韋，因是而孳乳爲韠、韍、韢、韜之屬。鳥棲之西，借爲西方之西，因是據其籀文之卤，而孳乳爲西方鹹地之卤。不爲芣之初文，弗爲⿱弗丂之初文，自卜辭經傳皆假不弗爲不然之義，自不而孳乳者爲否⿱不白咅，自弗而孳乳者爲茀⿱弗目佛，亦爲不然之義。有於彝銘作，乃從肉又聲，示持肉而祭。彝器有王乍又鬻鼎彝（三代六卷二十九葉），義謂王作又祭之鬻鼎彝，卜辭以又為祭名，至為多見，是皆有之初文。⿱宀索角云「⿱宀索諆乍有羔日辛⿲爿月刂彝」（三代十六卷四十六葉），⿱宀索乃索之緐文，羔讀如考，義謂索氏作祭考日辛之祭器也。保卣云「遘王大祀⿰礻友于周」（錄遺二七六圖），⿰礻友乃有之後起字，所從友聲為有之假借，祀⿰礻友連文，亦即經傳之祭祀連文。小雅楚茨云「以享以祀，以妥以侑」，周頌我將云「伊嘏文王，既右饗之」，雝篇云

「既右烈考，亦右文母」，是皆假侑右以爲祭名之有，此正有之本義（說文釋有形義俱非，說詳說文正補）。彝銘經傳以有爲保有者，乃其假借之義，自有而孳乳爲戫龓，亦承假借之義，凡此皆無本字之假借也。佛所從之人乃瞋之借，以示見之不審，戫所從之彧乃色之借，以示有彣彰采色，龓所從之龍乃同之借，以示兼有，是又形聲并借者矣。考之彝器假灋爲廢，若克鼎（三代四卷四十一葉）、盂鼎（三代四卷四十三葉）、希毁（薛氏鐘鼎款識卷十四）、師酉毁（三代九卷二十一葉）、師虎毁（三代九卷二十九葉）、師𤼈毁（三代九卷三十五葉）并云

「勿灋朕令」，是即大雅韓奕，及左傳襄十四年之「無廢朕命」。叔公鎛云「余弗敢灋乃命」（博古圖二十二卷七葉），即尚書洛誥之「予不敢廢乃命」。蓋以古無廢字，因假灋為之，灋發雙聲，故自灋而孳乳為屋頓之廢。徵之詩書假寡為大，大雅思齊云「刑于寡妻」，謂作型範于長妻也。尚書康誥云「寡兄」，謂長兄武王也。顧命云「寡命」，亦即大誥之「大命」，寡瓜同音，故自寡而孳乳為訓大之⿱大瓜，是俱古無其字，而假它字為之。其後自會意之灋寡，而衍為形聲之廢夵，亦假它字爲之。凡此皆與狀聲之字，及方國之名，如出一揆也。易言之，凡無本字之用字假借，後造本字，亦承假借之義者，則爲無本字之造字假借。若白色之白，於彝器并假爲訓長之伯，雲气之云，古假爲訓大之夽，小雅正月云「洽比其鄰，昏姻孔云」，義謂和協其鄰，以通婚爲甚大也。然則自白云而孳乳爲伯夽，乃無本字之造字假借，固無異於馭稘之屬。毛傳釋云爲旋，鄭箋釋云爲友，并悖其義矣。覈之馭、稘、否、茀，與廢、夵、伯、会并爲諧聲，此形聲字之聲文假借也。虘所從之且，韡、韎、韢、韜所從之韋，此形聲字之形文假借也。⿱宀炎之從求，以示求火，寁武之從止，以示止行與止兵，此會意字之假借也。鹵乃從卤之合體象形，是象形亦有假借構字者矣。蓋自文字肇興，已有用字假借，即有造字假借。是以殷契卜辭及西周彝器，多見假借造字，此其明效也。

復有進者，尋繹古文，有本字隱晦，而書傳假它字爲之者。有本字爲象形或會意，而後世蚘易爲識音之字者。有本字爲形聲，聲亦兼義，而後世遷化爲省形益聲之字者。有本字爲象形、指事、或會意，而許氏誤以形聲說之者。有本字爲形聲，而許氏誤以它文說之者。若師次之次於卜辭彝銘作餗，見於彝銘者，中鼎云「王在寒餗」博古圖二卷十七葉，中甗云「在口師餗」辥氏鐘鼎款識卷十六，尹光鼎云「乙亥王口在㠱餗」三代四卷一〇葉，宰甾毀云「在䅖餗」三代八卷十九葉，小子䍐尊云「王商貝在兆餗」綴遺齋彝器考釋十八卷十七葉，凡此皆師次之本字。見於卜辭者，淩雜益多，而其為字并為從𠂤朿聲。𠂤者師之初文（說文釋𠂤為小𠂤非是，說詳說文正補。），從朿聲者，亦師止之地，害於農事，老子云「師之所處，荊棘生焉」者是也。烝嘗之烝於卜辭作⿱𥝌廾⿱米⿰火禾（見商氏殷虛文字類編第十），見於彝銘者，姬鼎云「用⿰米⿱𠂔廾用嘗」（三代四卷九葉），盂鼎云「⿱𠂔廾祀無敢醰」（三代四卷四十二葉），臣卣云「隹十又二月王⿱𠂔酉西宮登」（博古圖十一卷十八葉），段𣪘云「王貞畢登」（三代八卷五十四葉），大師虘豆云「大師虘乍⿱登廾⿰阝尊豆」（三代十卷四十七葉），據卜辭之⿱米⿰火禾乃從禾米登聲，據姬鼎盂鼎之⿰米⿱𠂔廾⿱𠂔廾，乃從米登聲，𥁕措米于登以示薦新之祭。從登聲者，爾雅釋器云「瓦豆謂之登」，以登為豆名，故臣卣與段毀并從豆作豋。經傳皆假次為餗，假烝蒸以為糞，則失之形義不符矣。㬥虐之㬥古文作虣，⿱幽皿盨云「勿事虣虐從獄」（薛氏鐘鼎款識卷十五），詛楚文云「虣虐不辜」（絳帖及古文苑），周禮地官序官云「司虣十肆則一人」，職官大司徒云「以刑教中則民不虣」，司市云「以刑罰禁虣而去盜」，司虣云「禁其鬬囂者，與其虣亂者」，是其本字。書傳多作暴，說者因謂暴虐之本字即說文夲部之㬥（見段注說文日部㬎字下，而未知其形義相符，此所謂本字隱晦，而書傳假它字為之者也。箙於卜辭作見商氏殷虛文字類編，案孫氏甲骨文編、金氏續文編并釋蔔，其說非是。，彝器有父庚鼎三代二卷二十六葉、戊父癸甗三代五卷四葉、鼎錄遺三十一圖、卣錄遺二三六圖、盤錄遺四八一圖，是皆氏所作之器。墨子尚賢上云「堯舉舜於服澤之陽」，服澤蓋其受氏之地也。橐於卜辭作、，象囊中貯物之形。髮於卜辭作、，象人首被髮之狀說詳殷栔新詮釋橐、釋髮。彝器有鼎錄遺二九圖、觚錄遺二九六圖、爵錄遺三七九圖、

盤（錄遺四七九圖），是皆輪氏所作之器。其先蓋因夏之綸邑而受氏（綸邑見左傳哀元年），彝器別有綸白亩（三代十三卷十七葉），當爲之後起字。自而遷化爲䈥橐髮輪，此所謂本字爲象形，而後世蛻易爲識音之字者也。田狩之狩，卜辭作獸。見於彝銘者，員鼎云「唯征月既望癸酉，王獸于昏㪤」（三代四卷五葉），宰峀段云「王來戰自豆麓」（三代八卷十九葉），其字與卜辭同體，并從犬單會意。從犬者猶獵獠之從犬。其從單者，單爲旂之象形（說文釋單形義并非，說詳殷栔新詮釋單。），示率眾而田，猶戰之從單諧

聲，示率眾而鬥。觀乎卜辭田獸連文，可徵義訓無異，是知爾雅釋天所云「冬獵為狩，火田為狩」者，非狩之本義也（說詳殷栔新詮釋獸）。聽於龜公⿱𤇾亏鐘作⿱耳心（三代一卷六十二葉），乃從耳心，以示聞於耳，而識於心。其云「昚為止⿱耳心」，昚者慎之古文（見說文心部），義謂謹敬聽之也。或釋⿱耳心為也（見方氏綴遺考釋二卷二十五葉），或釋⿱耳心為名（見郭某大系考釋一九一葉），審其字體，說并非是。蓋自⿱耳心而孳乳為聽，以示別於訓辱之恥，猶⿱彡大之孳乳為髮，以示別於訓甘之美，及人髮之長，此固增聲轉注，為避字形殽亂也。編於卜辭作⿰糸冊見殷契粹編四九六片，乃從糸冊，以示次第之義。牆之古文作墻，見儀禮士喪禮、左傳襄二十五年、孟子盡心上篇、墨子辭過篇、尚賢上篇、節用中篇、天志下篇、耕柱篇、備城門篇、號令篇、莊子庚桑楚篇、商子修權篇、國策燕策三、呂覽孟秋紀、知接篇、韓詩外傳卷三、卷五、卷六、卷七。亦作廧，見春秋成三年、左傳僖二十三年、逸周書作雒篇、大戴禮曾子制言上篇、管子侈靡篇、地員篇、墨子經說上篇、國策楚策一、趙策一。從土作墻者，猶垣、堵、壁、城之從土，以示垒土版築。從广作㢈者，猶寘之從宀，序廦之從广，以示廬舍之垣。師寰𣪕云「夙夜卹氒牆事」三代九卷二十八葉，牆事即尚書湯誓之「穡事」，乃從爿嗇聲，爿者倉之假借，以示收穀於倉，異乎垣蔽之牆。唐釋慧琳以墻為俗字者見一切經音義卷四十一，乃嫥守許氏說文而言，昧於文字之初形矣。據此言之，古文之戰、惎、[illegible]、墻，篆文作狩、聽、緜、牆，此所謂本字為會意，而後世蛻易為識音之字者也。屠於卜辭彝銘作剢，乃從豕刀聲，以示殺豕之義（說詳殷栔新詮釋刹）。散盤作剳（三代十七卷二十一葉），則既從刀聲，復從者聲，是爲形義不符，且亦不載於說文者。豨於卜辭彝銘作豥，乃從大豕聲，以示大豕之義（說詳殷栔新詮釋豥）。篆文作豨，則既從豕聲，復從希聲，大悖初恉，故許氏謬以豕走之義釋之。此所謂本字爲形聲，而後世遷化爲省形益聲之字者也。帝於卜辭作𣎵朿，乃從不之合體象形，以示華蔕之義，而說文釋爲從二朿聲。牡於卜辭作𤘘牡，乃從牛羊與士會意，而說文釋爲從牛土聲。單於卜辭作[illegible][illegible]，乃旂名之象形，而說文釋為從甲吅聲。追於卜辭作[illegible][illegible]，𠂤者師之初文，字從止𠂤以示從敵之意，而說文釋為從辵𠂤聲。農於卜辭作[illegible][illegible][illegible]，令鼎作[illegible]（三代四卷二十七葉）、農卣作[illegible]（三代十三卷四十二葉）、散盤作[illegible]（三代十七卷二十二葉），其文於卜辭從林辰或森又，於彝銘從田辰或臼止，皆示執蜃甲以事耕種之義，淮南子氾論篇云「古者摩蜃而耨」者是也。篆文作[illegible]，所從之[illegible]乃田之譌，而說文因釋為從晨囟聲。聿於卜辭作[illegible][illegible]，彝銘作[illegible][illegible]，乃從又以象執筆之形，而說文釋爲從聿一聲。皮於彝銘作，乃從又從革省，以示剝取獸革之義，而說文釋爲從又爲省聲。習於卜辭作，乃從羽日會意，以示日日數飛，而說文釋爲從羽白聲。達於保子達𣪘作（三代七卷二十八葉）、師寰𣪘作（三代九卷二十八葉），其所從羍聲，乃從小羊會意，篆文譌作，以是說文釋爲從羊大聲。叀於彝銘作，斯爲聽之象形，而假爲惠，說文則釋爲從幺省中聲。去於卜辭作，乃從大口，以示人離都邑，篆文作者，凵乃口之省，而說文釋

為從大凵聲。卽於卜辭作，乃從人皀以示就食於簋，而說文釋爲從皀卩聲。皀於卜辭作，彝銘作見容庚金文編第五第三六葉，子良彝作三代六卷九葉，齊良壺作三代十二卷十四葉，并爲從日，以象景光發散之形，斯爲朖之初文，而說文釋爲從畐省亾聲。業於綸鎛作三代一卷六十八葉，拍尊作三代十一卷三十三葉，乃從木象枝條有葉之形，而說文釋業爲楄，謂從木世聲。圅於卜辭作，彝銘作，并爲從矢以象矢囊之形，而說文釋圅爲舌，謂象舌體弓聲。

黍於卜辭及中甗父盤（三代十七卷十葉），并爲從禾水會意，與篆文相同，而說文釋爲從禾雨省聲。師於單白鐘作帥（三代一卷十六葉、寏䖒未旅鐘、師望鼎，與此同體）、史頌鼎作帥（三代四卷二十六葉，寏史頌段、秦公段、朿向父禹段，與此同體），乃從巾申會意。申者神之初文，以示佩巾於神，而說文釋爲從帀𠂤聲。量於卜辭作𣅀，克鼎作𣅀（三代四卷四十一葉），乃從日東，以示日出於東，始可立表視景，以正方位，以度遠近，而說文釋爲從重省曏省聲。監於弄孟壺作監（三代十二卷十三葉），吳王鑑作監（三代十八卷二十四葉），乃從臥皿以示浴身之義，莊子則陽篇云「靈公有妻三人，同濫而浴」者是也。篆文作，與頌鼎、頌𣪘、頌壺同體，一畫之緐省；古文所恆見，說文未知其審，故釋監為從臥䘓省聲。身於鼄公牼鐘作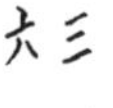（三代一卷六十二葉）、尗向父禹𣪘作（三代九卷十三葉），乃從人兼象匈腹，以至臀骸之形，所以示人身自頂至脽，不晐股脛，周易艮卦象辭云「艮其身，止諸躬」者是也。於文為合體指事，而說文釋為從人申省聲。長於卜辭作或，象人髮之長，引伸則有久遠之義，於文為從

人之合體象形，篆文作𠑹乃古文之譌變。而說文云「長久遠也，从兀从匕亾聲」。奔於石鼓文作⿱夭𣥠⿱夭芔見薛氏鐘鼎款識卷十七，及明錫山安國十鼓齋藏本．，盂鼎作⿱夭止止（三代四卷四十二葉），克鼎作⿱夭卉（三代四卷四十一葉），其從三走作⿰走走走者，以示疾走之義，猶人之疾言為譆，鹿行超遠為麤，兔疾為㲋，犬走為猋。其作⿱夭止止、⿱夭卉者，乃為省體，所從三止文與卉形相近，故說文釋為從夭賁省聲。龍於卜辭作[龍]，龍母尊作[龍]（三代十一卷十九葉）、龍白戟作[龍]（積古八卷十八葉），是皆象頭冠張口及身尾之形。篆文作龍，則又兼象其背鬣者。上體之𢆉𢆉猶鳳於卜辭作龍龍，亦肖其頭冠，文俱象形，而說文釋龍爲從肉童省聲。戉於卜辭作戉戉，父癸甗作戉 三代五卷四葉 、戉木爵作戉 三代十五卷三十四葉 ，篆文之戉，與虢季子白盤之戉 三代十七卷十九葉 ，并爲戉之變體，文皆象形，而說文釋戉爲從戈乚聲。配於宗周鐘作配 三代一卷六十五葉 、毛公鼎作配 三代四卷四十六葉 ，乃從酉從色省，以示酒色之義，而說文釋爲從酉己聲。亦有審之音義，不待考之古文，而可知其構體者。若疌從止屮，以示行止滑利，而說文釋為從又止屮聲。輿從舁囟，以示共舉升高，而說文釋為從舁囟聲。革與古文之𠦶，并象張革待乾之形，而說文釋為從廿臼聲。彭從壴彡，以示鼓聲連緜，而說文釋為從壴彡聲。盇從皿上象蓋形，與壺上之大相同，而說文釋為從血大聲。短從大豆，以示人之安坐就食，坐而就食，則身短於立，矢大古文形近，致相殽混，故說文釋短為從矢豆聲。穴於篆文作宀，乃象土室穹崇，及其出口之形，而說文釋為從宀八聲。𢼸從攴耑，以示眇小之義，而說文釋爲從人攴豈省聲。冶從仌台，台乃𠩺之假借，以示仌之融解，引伸則爲金之銷鑠，而說文釋爲從仌台聲。此所謂本字爲象形指事或會意，而許氏誤以形聲說之者也。復有形聲之字，或因結體變遷，或因形聲未審，而許氏誤釋者。若⿸氏口於克鐘作⿶凵乙（三代一卷二十一葉）、姞⿱爪曰母鼎作⿶凵厶（三代三卷十五葉），虫⿱爪曰鼎（錄遺六八圖）、⿱爪曰鼎（三代四卷四十五葉）、⿱爪曰壺（三代十二卷二十九葉），俱從爪曰聲，而示以手掩口，說文載篆文作⿸氏口古文作⿸氏日者，皆⿱爪曰之譌易。及於父乙卣從又作⿱口朩（三代十二卷四十八葉），⿱口朩者及之象形，卜辭從及之字省𢧢作[illegible]，季良父壺則省其柲𢧢而作[illegible]（三代十二卷二十八葉），篆文作[illegible]者，又[illegible]之誤體。敢於彝銘作[illegible][illegible]，篆文作[illegible]，并爲從爭甘聲，以示爭甘美而勇於進取。甘而省作口者，猶甚之作[illegible]（見說文甘部），某之作𣏟（見說文木部。案𣏟乃某之複體，古姓氏多有複體之例，說見殷契新詮釋獸。），固古文[illegible]省之通例。弟於𥿋鎛作[illegible]（三代一卷六十七葉），應公鼎作[illegible]（三代三卷三十六葉），[illegible]彝作[illegible]（三代六卷五十二葉），乃從弋[illegible]省聲，以示韋束之次弟。從弋者，猶一二三於晚周古文從弋而作弌式弍，并以弋示次弟之義。宵於宵乍彝作宵（三代六卷二十四葉），乃從宀月小聲，以示日入匽作，小心戒慎之義。卿於卜辭作卿卿，師虎毀作卿（三代九卷二十九葉）、效卣作卿（三代十三卷四十六葉），乃從皀𠨍聲，或從食𠨍聲。皀者簋之象形，𠨍義如鄉背之鄉，彝器有𠨍祖辛觶（三代十四卷四十葉），𠨍祖丁觚（博古圖十五卷二十二葉），是乃𠨍氏所作之器。卿從𠨍者，示二人相對就食，亦即饗之初文，官名而曰卿者，斯為假借之義。饗從卿聲乃卿之譌變，許氏釋饗為鄉人歙酒者，是亦望文生義而已。匹於曶鼎作匹（三代四卷四十五葉），毛公鼎作匹

（三代四卷四十九葉），史頌𣪘作[古文字]（三代九卷七葉至十葉凡七器同文），乃從厂比聲，以示男女比合，引伸為凡敵耦之名，布帛一兩而曰匹者，乃其引伸之義。載籍彝銘俱偁馬曰匹，孟子偁雛曰匹者（見告子下篇），則為假借之義。許氏未知省變之迹，因釋⿱氏口為從口氏省聲，釋𠬝為從又尸聲，釋敢為從𠬪古聲，釋弟為從韋省丿聲，釋宵為從宀肖聲，釋卿為從卯皀聲，釋匹為從匸八聲，而不悟形有乖違，音有隔越，此所謂本字為形聲，而許氏誤以它文說之者也。其若麋於卜辭作[古文字][古文字]，所從眉聲兼象頭角，篆文從米聲作麋，訖無誼趣。狽於彝銘作三代十三卷二十四葉父戊卣、五十三葉父丁斝、，或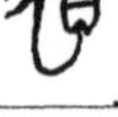三代六卷二十三葉狽彝，所從貝聲兼象尾毛，隸變作狽說文及先秦載籍并無狽字，則其貝聲，唯識音讀。是又形聲之字，因其變體，以致形義乖離者也。自餘字體譌易，及許氏陳義之謬者，多不勝計。苟非諦知初形本義，亦未可言轉注假借。此所以二者皆為造字之法，振古莫明者矣。

要而言之，中夏文字所以迥絕四夷者，乃以其形義相合。自象形指事而繹為會意形聲，捨狀聲與譯音之字，及方國之名以外，一切皆以象形為主。其有相違者，非許氏釋義之誤，與釋形之誤，則為字形之譌，或為假借構字。此證之說文釋義，與殷周古文，及先秦漢晉之載記，可以斷言六書之假借，必如劉氏七略之言，為造字之軌則。惟其所言率略，是蓋得之傳聞，非必知其詳審，此所以有待于遡原之作也。許氏未知此恉，故誤以引伸說假借，且以形聲之字聲不示義者，為其正例。後之說者，見形聲字聲不示義者，則曰形聲多兼會意，而未知必兼會意也。或曰凡從某聲必有某義，而未知聲文相同者，或有假借寓其中，以故不必義訓連屬也。或如劉熙釋名之類，據假借之字而加以曲解，是皆未知造字假借之理，故爾立說多歧。遜清以還之言文字訓詁者，大率求之聲音，而尟究其字形，是尤失之輕重不侔矣。其有陳義委曲，爰取數耑，別具標題，俾資隅反。雖假借造字，其數兼千，未能悉計，然而言其義例，要不出此篇之笵。準是而言，文字因轉注而緐衍，以假借而構字，多為會意形聲，亦有象形指事。是知六書乃造字之四體六法，而非四體二用，斯則百世以俟來哲而不惑者也。

假借遡原卷下

原足

說文林部云「麓守山林吏也，从林鹿聲。一曰林屬於山爲麓。春秋傳曰沙麓崩。䕑古文從彔」。案御覽五十七引說文云「林屬於山曰麓，一曰麓者守山林吏也」。其文與各本說文先後互異。據其說乃以「林屬於山曰麓」爲麓之本義，而以守山林吏爲別一義。穀梁傳僖十四年云「林屬於山爲麓」，是即許氏釋麓之所本。經傳之言麓者，尚書堯典云「納于大麓，烈風雷雨弗迷」，大雅旱麓云「瞻彼旱麓，榛楛濟濟」，是皆以麓爲山林之義。史記五帝本紀云「堯使舜入山林川澤，暴風雷雨，舜行不迷」。是史公釋堯典之大麓爲山林川澤，可謂眇合經指，異乎今文家以領錄釋麓也。以麓爲山林之義，故經傳以林麓連偁。周禮地官敍官云「大林麓下士十有二人，中林麓如中山之虞，小林麓如小山之虞」。又林衡云「掌林麓之禁令，而平其時，以時計林麓而賞罰之」。秋官柞氏云「掌攻草木及林麓」。禮記王制云「林麓川澤以時入而不禁」，喪大記云「有林麓則虞人設階」，國語周語下云「林麓散亡，藪澤肆既」，是皆林麓連類并舉之證也。守山林吏而曰麓者，其名見左傳昭二十年，及國語晉語九，斯乃因事爲名，乃麓之引伸義。周代職官因事爲名者多不勝數，許氏於麓字獨以守山林吏釋之者，是未知麓之初義，故雜擷穀梁與左氏之文，而兩存其說也。大雅旱麓毛傳曰「麓山足也」，其說與穀梁相通，而益切合造字之恉。知者，以鹿爲獸名，彔爲刻木之形，麓與古文之𣘦從之爲聲，并無所取義，是卽足之假借，毛傳以山足釋之，而後之釋字義者，胥遵爲定詁。穀梁傳十四年注引劉向曰鹿在山下平地。書舜典釋文引馬融鄭玄注，春秋傳十四年正義引服虔注，并曰麓山足。周禮地官敍官注，釋名釋山、及國語周語注，并曰山足曰麓。，斯正麓之初義矣。所以假鹿彔而作麓𣘦者，考楚從疋聲，疋之篆文及古文與足形無異，是以古文亦以疋爲足見說文疋部，蓋示與楚字聲義互異，故假鹿彔而爲麓𣘦也。又案說文禾部云「秄雝禾本，从禾子聲」。卩部云「厀脛頭卩也，从尸桼聲」。立部云「䇓立而待也，从立須聲。𥪖或从芻」。水部云「滓㵘也，从水宰聲」。糸部云「⿰糸須絆歬兩足也，从糸須聲」。諸字所從子桼諸聲是亦足之假借。其於䇓滓，乃以人之下體，而喻禾之下體，及水之垽㵘。良以垽㵘在水之下，亦如足居人體之下，是猶尻居人身之下，故自尻而孳乳爲臀，其從殿聲而作㵘者，殿乃尻之借也。須芻古音同爲謳攝，鹿足古音同謳攝入聲，足與子桼芻宰并屬齒音，諸字音近，故相通假。惟子宰與止古音同部，止者足止，然則謂秄滓所從子宰二聲，乃止之借，義亦可通。葢以先民各就語言制字，有以聲近造字者，有以韻同造字者，雖以語言之殊，歧爲二途，而義歸同揆。亦以別於小渚之沚，及小濡皃之浘，故假宰而爲滓也。

原𠔉

說文鬲部云「鬳鬲屬，从鬲虍聲」。𩰲部云「𩱧鬻也，从𩰲侃聲。餰或从食衍聲。飦或从食干聲。⿰食建或从食建聲」。角部云「⿰角亘角匕也，从角亘聲，讀若讙」。豆部云「𧯷豆飴也，从豆夗聲」。皿部云「盌小盂也，从皿夗聲」。食部云「飯食也，从食反聲」。瓦部云「㼝小盂也，从瓦夗聲」。審諸字所從之聲并於字義齟齬，是皆𢍏之假借。説文𠬞部云「𢍏摶飯也，从𠬞釆聲，釆古文辦字，讀若書卷」。𢍏從釆聲，亦於摶飯之義不合，或疑當從𠬞米會意（見王筠説文句讀），其説得之。案周禮考工記輪人注曰「摶圜厚也」，摶飯者謂取飯圜厚而盛之於器，禮記曲禮上所謂「毋摶飯」者是也。引伸凡取飯而盛之亦曰摶，呂氏春秋慎大覽云「

趙襄子方食，摶飯有憂色」，儀禮特牲饋食禮云「佐食摶黍授祝」是也。鬳與甗乃音義相同之轉注字，從瓦作甗，猶鬲之或體作𤭛，所以示其為瓦器也。說文瓦部云「甗甑也，一穿，从瓦鬳聲，讀若言」。據此則鬳言同音，與虍聲韻扞格，是鬳不當從虍為聲，或以合音及聲轉說之，未見其然也（見段玉裁說文注，徐灝說文注箋。）。或謂鬳从虍者鬲文也，會意（見朱駿聲說文通訓定聲），說益非是。尋繹凡文字之從虍者，皆虎之省，非如許氏之說，區虎虍為二字也（說見文字析義）。通考傳世古甗及其圖形之見於箸錄者，自通體純素以外，其腹之文飾，雲雷、饕餮、蟬翼、蟠虺，詭譎互殊，唯足股之上則多作饕餮，形似虎頭，而亦非虎，器之若此者，如鼎鬲之屬亦多有之，非獨鬳為然也。是則鬳之為字，不當從虎會意，而乃云然，斯亦臆為謬說矣。惟元戴侗六書故第廿八云「鬳唐本虍省聲」，則與鬳音密近，此殆許書原文如此。甗與鬲皆㸑飪飯食之器，儀禮士喪禮云「管人受潘煮于垼，用重鬲」，又云「夏祝鬻餘飯，用二鬲于西牆下」，少牢饋食禮云「稟人概甑甗」，邑子良人甗云「自乍飤甗」，尗邊父甗云「乍旅獻，用征用行，用鬻稻粱」并見三代五卷十二葉。是其證。字亦作鬳，王孫壽甗云「自乍飤鬳」商周金文錄遺一〇六圖，見甗云「見乍鬳」三代五卷三葉，是其證。鼎鬲同類，故金文於獻鬳，或從鼎作獻鬳，其作獻者乃甗之借字，其作鬳者，乃甗之初文。據此可知鬳甗轉注，甗為鬳之後起字，此其塙證也。以鬳為飪食之器，故知所從虍聲，乃𢍬之借字。鬻為饘鬻，是亦與欽同實而和羹，則其所從侃聲，亦必𢍰之借字，鬻以從𢍰諧聲，猶鬻之從米會意，其取義相同也。惟鬻之或體作飦、餰，其轉注字作饘，字并從食，而其聲復從𢍰者，則爲重形俗體，是皆鬻之後起俗字，斷然無疑。⿰飠亘義爲角匕者，角匕即周禮天官玉府，儀禮士冠禮、及禮記喪大記之角柶，柶亦名匕，說文匕部云「匕亦所以用取飯，一名柶」者是也。以⿰飠亘爲取飯之具，故知所從亘聲乃𢍰之假借。⿱夗豆所從夗聲爲𢍰之借者，乃以示所從之豆爲尗荅之名，非食肉之器。其初當與豆屬之眷爲一字，訓豆飴者乃𧯷之引伸義，從𢍏聲者，所以示其與黍稷相同，猶飯之初文當從𢍏聲也。盌與㼝乃音義相同之轉注字，以盌或爲瓦器，故字亦從瓦，是猶盎之或作𤭵（見說文皿部），缾之或作瓶（見說文缶部），皆一字之異體也。盌與盂俱盛飯進食之器（說見原㔾），則盌之初文，自宜從𢍏爲聲。方言卷五云「盂或謂之盌，海岱東齊北燕之閒或謂之𥂓」。其作𥂓者，正爲從皿𢍏聲，斯乃盌之本字而不見於說文者。玉篇從卷聲作𥃩，則以𢍏音如卷，故其後起字遂假卷而爲𢍏也。飯所從之反爲㚘之假借者，乃示取飯以食之義，猶食飪之孰從丮會意（見說文丮部），亦猶食肉之朏從丑諧聲（見說文丑部），皆示手持進食之義也。丑乃從又之變體象形，其本義與丮同訓，故自丑而孳乳爲食肉之朏，進獻之羞，與訓刺之杻也（說見文字析義）。㚘與虔、侃、亘、妃、反，古音同爲安攝，故相通假。

原賢

說文齒部云「𪘂齧堅聲，从齒吉聲」。言部云「詰問也，从言吉聲」。麥部云「麧堅麥也，从麥气聲」。穴部云「邃窡遠也，从穴遂聲」。石部云「硈石堅也，从石吉聲，一曰突也」。又云「磬堅也，从石殸聲」。黑部云「黠堅黑也，从黑吉聲」。心部云「慨忼慨也，从心既聲」。又云「𢡆窡也，从心豙聲」。魚部云「鮚蚌也，从魚吉聲」。糸部云「結締也，从糸吉聲」。土部云「垍堅土也，讀若臮，从土自聲」。堇部云「艱土難治也，从堇艮聲」。審諸字所從之聲，并於本義不協，是皆賢之假借。說文臤部云「賢窡堅意也，从臤从貝，貝堅實也，讀若概」。齧堅聲曰齘者，猶分骨聲爲⿰齒刂，齧骨聲爲⿰齒骨，所從列骨二聲，乃以示分骨齧骨之義，非以爲狀聲之名。齘所從吉聲爲質之借者，是猶厚怒聲之㖃，所從后聲爲㫗之借，蹈瓦聲之⿰耎瓦，所從耎聲爲躔之借，凡此數名，皆諧聲而兼會意者也。詰者窮究而堅問之，禮記月令鄭注所云「詰謂問其罪窮治之」者是也。忼慨乃雙聲之同義疊語，意謂高伉剛強，結謂纏束堅固，艱謂堅剛難入，凡此并承堅義而孳乳。遼憭則承寮義而孳乳。賢與吉毄艮同屬見紐玉篇音毄公狄切、徐鉉本說文音古歷反，皆屬見紐，廣韻則以毄屬溪紐。，雙聲相借，故假吉而爲⿰齒吉、詰、硈、黠、鮚、結，假毄而爲礊，假艮而爲⿰关艮。⿱𣦼貝與豙遂同爲威攝入聲，疊韻相借，故假遂而爲邃，假豙而爲⿰忄豙。⿱𣦼貝與气既自古音同部，從自聲之垍讀若冀，是亦音轉見紐，同音相借，故自⿱𣦼貝而孳乳爲⿱既气慨與垍也。結緭乃雙聲轉注字，緭從骨聲以示堅意，與結從⿱𣦼貝聲以示堅意，爲例相同，艮以⿱𣦼貝之有堅義者爲貝，貝與骨其質并堅故也。骨與⿱𣦼貝古音相同，而知諸字所從吉气諸聲非骨之假借者，則以骨爲肉覈，其堅在内，賢以從貝會意，貝之爲物，其堅在外，蚌甲之堅其象如貝，是以自賢而孳乳爲鮚。自餘凡從吉气諸聲之字，無一而非堅剛表暴，以是而知其爲賢之借，非骨之借也。又案說文玉部云「瑎黑石似玉者，從玉皆聲」。鳥部云「鷧鷀也，从鳥壹聲」。日部云「曀天陰沈也，从日壹聲」。又云「晞乾也，从日希聲」。土部云「𡒄天侌𪋻起也，从土壹聲」。金部云「鍇九江謂鐵曰鍇，從金皆聲」。鷧義爲鷀者，謂鸕鷀也，鸕鷀之色黑名曰鷧者，亦謂其色黑，凡此諸字所從皆壹希聲，并為黠之假借。黠為堅黑者，非必質之堅，亦兼黑之窔，瑎鍇與鷧色俱窔黑，曀⿰土壹較之埃暨益為晻暗，凡物之晞乾者，其質必堅，其色多黑，故知俱承黠義而孳乳，皆希於古音屬衣攝，黠屬衣攝入聲，皆黠又同為見紐，音近相通，故假皆而作瑎鍇，黠壹俱從吉聲，同音相借，故假壹而作鷧與曀⿰土壹也。又案⿰齒吉詰硈黠及鮚結，并與堅為雙聲，且吉屬衣攝，堅屬因攝，益為音近，然則從吉聲之⿰齒吉詁諸字謂爲堅之假借，義亦可通。惟以堅之從臤乃臣所孳乳，審其字形與語原，其有堅剛之義者，當亦遠承賢義而生也。

原耒

說文牛部云「犂耕也，从牛黎聲」。犛部云「氂彊曲毛也，可以箸起衣，从犛省來聲」。辵部云「遴行難也，从辵粦聲」。足部云「蹸轢也，从足粦聲」。目部云「睞目童子不正也，从目來聲」。穴部云「寮穿也，从穴尞聲」。人部云「僂厄也，从人婁聲」。馬部云「

騋馬七尺爲騋，八尺爲龍，从馬來聲」。力部云「勵推也，从力畾聲」。審諸字所從黎來諸聲，并於形義不合，是皆耒之假借。說文耒部云「耒耕曲木也，从木推丰」。木部云「枱耒耑也」，枱卽經傳之耜，周禮考工記匠人注云「今之耜歧頭兩金」，據此知耒爲耜之曲柄，耜爲耒之歧頭，經傳云耒耜者，二名實卽一物也。

案令鼎云王大耤農于諆田（三代四卷二十七葉），耤字作，隸定爲⿱⿰耒丮昔，乃從⿰耒丮昔聲。所從之耒作

，正象曲柄岐頭。耤於卜辭作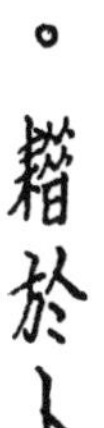詳見金祥恆續甲骨文編，俱隸定為⿰耒丮，所從之耒亦象曲柄岐頭，是耒之古文本為象形，彝器有父己觶三代十四卷四十四葉，構形與古制相合，斯其證也。彝器復有彝三代六卷三葉，父己鼎三代二卷二十四葉，父己彝三代六卷二十一葉，作觶三代十四卷五十二卷，父丁卣博古圖十卷十葉，是皆耒氏所作之器，字從又者，示其執耒而耕，且為古姓氏錄文之通例也。知⿱𥝢井所從黎聲為耒之假借者，示牛之曳耒而耕，猶耕之從耒為形也。卜辭云癸未卜爭貞，王在茲

□咸戰續編三・四〇・四片，戊子卜貞，王其田□亾𢦏粹編九七三片，戊子卜，王往田于□鄴羽三集下三六、六片，王叀□田，湄日亾𢦏畢續編三・二五・一片，比田□，王其每甲編六一五片，壬王叀□田，亾𢦏京都二〇四七片，叀□田亾𢦏明藏二〇八片，庚辰貞，日又戠，其告于父丁，用牛九，在□粹編五五片，審諸辭之□□隸定為□，皆為方國之名。父丁尊云王由攸田□、二乍父丁隮，洮三代十一卷三十葉，義謂王由攸方田于□方，□氏因作父丁尊，洮乃從水兆聲，而為鑄工之姓氏。

⿱⿰耒耒㹜與卜辭之⿱⿰耒耒㹜⿱⿰耒耒犬，音義不殊，卽為一地。覈其構體，⿱⿰耒耒㹜爲從㹜，⿱⿰耒耒犬爲從犬，⿱⿰耒耒猋則從猋，其上皆從二耒，耒亦聲，以示羣犬曳耒而耕之義，是必耕之初文。字從二耒，而讀耒聲者，是猶篆文之⿱⿰丰丰虎，亦從二丰，而讀丰聲也（見說文凡部）。蓋當殷商之時，苟非人力而耕，卽為犬力引耒，爾時無牛耕之俗，故有⿱⿰耒耒㹜⿱⿰耒耒犬諸字。書傳未見以犬輓耒，唯於卜辭及殷器見之，此考古制必有賴于古文者也。逮春秋時，始見冉耕字伯牛，司馬耕字子牛（見史記仲尼弟子傳），因知服牛而耕，當始於周世，從牛之犂亦必興於姬周，所從黎聲無以示耕義者，證以犂犂諸字，黎乃耒之借也。其從二耒作犂犂者，乃以示耦耕之制，漢書食貨志上云「后稷始甽田，以二耜為耦」者是也。其於耦犂則肇行漢之趙過，食貨志云「趙過為搜粟都尉，用耦犂，二牛三人」者是也。觀乎卜辭之犂，其字從犾，父丁尊之犂，其字從犾，是即耦犂之所始。逮乎周世以牛代犬，而力能任重，故無俟乎耦犂，至漢行之，是亦古之遺制而已。若夫山海經海內經云「后稷之孫曰叔均，始作牛耕」。又大荒西經云「后稷之弟曰台璽生叔均，是代其父始作耕」。藉如其說，則是唐虞之時已有牛耕，此必戰國妄誕之言，不足據信。徵之書傳，距中夏非遙者，未見耒方。耒蓋⿱⿰耒耒⿰犬犬之初文，⿱⿰耒耒⿰犬犬又辭之古文，春秋時齊衞俱有犂邑（齊犂見左傳哀十年，衞犂見哀十一年。），衞犂密邇殷虛，當即彝銘之耒與卜辭之⿱⿰耒耒⿰犬犬。左傳昭四年云「商紂爲黎之蒐，東夷叛之」，是蓋齊之犂丘（齊犂亦曰犂丘，見左傳哀二十三年。）。若夫黎氏之國（見左傳宣十五年。），在今山西長治縣，其必非卜辭之⿱⿰耒耒⿰犬犬方也。案秦公鐘云「⿱⿰耒刂犬龢萬民」考古圖卷七，薛氏款識卷七。，⿱⿰耒刂犬即⿱耒⿰言犬之異體，從刀者以示耒之有鏟刃，於此鐘讀如理，義謂治理和協萬民也。叔弓鎛云「龢⿱耒⿰言犬而有事」博古圖廿二卷，⿱耒⿰言犬者從⿰言犬耒聲，⿰言犬與白⿰言犬父鬲之⿰言犬三代五卷二十六葉，并為楚辭九辯之狺，亦即說文之狺，狺⿰言犬古音同屬昷攝疑紐，可證叔弓鎛之⿱耒⿰言犬亦即卜辭之⿱耒⿰言犬。其云「龢⿱耒⿰言犬而有事」者，謂和理爾所司之事也。宋人釋⿱⿰耒刂犬⿱耒⿰言犬為協，近之說者，乃以卜辭之⿱耒⿰言犬，及彝銘之⿱⿰耒刂⿰言犬⿱耒⿰言犬俱釋為麗，而謂秦公鐘之「麗龢萬民」，乃借麗為協見中研院史語所集刊二本一分徐中舒耒耜考。或釋⿰耒犬爲龖，以爲龔擊之本字，而謂鐘銘乃假龖爲協見郭某青銅器銘文研究下冊二十三葉。或釋⿰耒犬⿱⿰耒刂犬爲獸及肰之本字，而謂秦公鐘之「⿱⿰耒刂犬和」猶協和見唐蘭天壤閣甲骨文存考釋五十九葉，是皆罔辨字形，徒襲宋人謬說，而曲爲比傅，固無一可通也。

夫耒爲曲木，故自耒而孳乳爲曲毛之氂，曲膂之僂，及童子不正之睞。蓋自耒而孳乳爲氂睞僂，亦猶自耒而孳乳爲頭不正之頪見說文頁部。行難而曰遴者，乃謂行道之逶迤，是皆取衰曲之義也。卜辭有諸字，隸定為䢅，而假為祭名之𤕤謚，所從耒聲作者，乃耒之象形，其耜仰而上者，亓其非用之耕種，故異乎耜之作也（説詳殷栔新詮釋䢅）。此證之䢅之古文作，可以塙知𧻚遴傳所從來𦤶婁聲，皆為耒之假借，斷乎無疑矣。彝銘之，於耜耑并有一橫畫，或作形者，乃用之蹋足穿土。淮南子主術篇云「一人蹠耒而耕，不過十畝」，鹽鐵論未通篇云「民蹠耒而耕，負檐而行，勞罷而寡功」，是知以人力而推耒插土，

復須跖踐，以故自耒而孳乳爲訓轢之蹸，訓穿之竂，及訓推之㔣。蓋竂以從耒諧聲，以示跖耒之搖穴，亦猶穿之從牙會意，以示鼠牙之鑿穴，其意相若。㔣爲耒所孳乳者，示其如推耒而耕。此以耒之功用而言，可證蹸竂所從之粦竂二聲，及㔣所從畾聲，皆耒之假借也。案周禮夏官庾人云「馬七尺以上爲騋」，考工記匠人云「耜廣五寸」車人云「車人爲耒，自其庛緣其外，以至於首，以弦其內，六尺有六寸」。呂氏春秋任地篇云「六尺之耜所以成畝，其博八寸所以成甽」。所云「其博八寸」，與匠人所云「耜廣五寸」，制有小別，蓋亦因地而異。然云耜廣五寸或八寸，則長必倍之，以耜合耒，其長皆在七尺以上，周禮呂覽說固無殊。以耒之長而擬馬之高，故自耒而孳乳為馬高七尺之騋，騋從來聲者，來乃耒之借也。

考耒與黎犂諸文，并屬來紐，雙聲通借。故自耒而孳乳為黎斄諸字，耒畾古音同屬威攝，故自耒而孳乳為勵。雖其取義互異，而皆同出一原，此審之古制，可以確知者。或釋𠬝為手執匕形，而曰「祭祀之義以養為主，匕所以示其養」（博古圖十卷十葉），斯則妄以禮制而釋姓氏，此固宋人之謬，逮乎清季猶承其說。或釋□為聿（見羅振玉三代目錄，及劉體智善齋禮器錄七卷二十四葉．），而未知聿於卜辭作□（□）或□，（見孫海波甲骨文編，金祥恆續文編．），其於彝銘亦同此體，并為從又象執筆之形。彝器有□斝（三代十三卷四十八葉）、□觶（三代十四卷三十三葉）、□爵（三代十五卷七葉凡三器）、□戈（三代十九卷七葉）、□父戊斝（三代十三卷五十一葉），是皆聿氏之器。從聿之書於彝器有□父辛尊（三代十一卷二十五葉）、□父辛卣（三代十二卷五十三葉，十三卷二十五葉．）

、□父辛爵（三代十六卷十九葉凡三器）、□父辛觶（三代十四卷四十五葉）、□父戊爵（三代十六卷十二葉）、□弘匜（三代十七卷二十四葉），其作□者，乃象筆之聚豪，其作□者，則象筆之散豪。殷虛甲骨有朱書墨書之字而未刻者，亦有殷之殘玉朱書「□□丁」三字（見鄴中片羽三集下二十七葉），審其體姿皆出毛筆，此察之聿字及殷人書法，可知筆之制作，自殷至今未嘗異撥。近年長沙出土戰國之筆（長沙左家公山出土戰國殉葬毛筆，見一九五四年文物參考資料十二期），正為竹管毛耑，密合今制。管毛之間無橫物如十者，是知□□與□

，構形迥異，其非一文，斷可識矣。

原 凵

說文竹部云「筥籒也，从竹呂聲」。皿部云「盂飯器也，从皿亏聲」。又云「盧飯器也，从皿虐聲」。考筥義爲籒，籒者飯筥也，諸本說文作籒者，乃籒形近之譌。徐鉉本說文，廣韻盂字下引說文，及玉篇皿部幷云「盂飯器也」。徐鍇說文繫傳，後漢書明帝紀注，御覽七百六十引說文幷云「盂飲器」。段玉裁據儀禮既夕禮鄭玄注，公羊宣十二年何休注，史記滑稽傳，後漢書明帝紀，而以飲器爲是。自後釋許書諸說，無或定其從違者。案荀子君道篇云「君者槃也，槃圓而水圓，君者盂也，盂方而水方」。此乃以槃盂爲貯水盥洗之器，質之經傳，其說信然矣，此段氏所以定盂爲飲器之一證也。考之金文，盤爲盥類之器，故白戔盤見薛氏鐘鼎款識卷十六、殷穀盤三代十七卷十二葉、⿱罒各白盤三代十七卷十五葉、魯白愈父盤三代十七卷七葉，并有盥盤之名。齊侯盤三代十七卷十六葉、夆尗盤三代十七卷十七葉、楚季咩盤三代十七卷十葉、齊歸父盤三代十七卷十四葉，并有盥盤之名。

然盤亦用為盛食之器，黃韋艅父盤云「自乍飤器」三代十七卷十三葉，左傳僖二十三年云「乃饋盤飧」，是其證也。若夫盂之初義，則為食器，而或用為飲器，猶之盤本盥沫之器，而或用為食器也。知者案宜桐盂云「宜桐乍鑄飤盂」周金文存四卷三十九葉，匽侯盂云「匽侯乍餴盂」商周金文錄遺五一一圖，要君盂云「要君白信自乍餴盂」錄遺五一三圖，其云飤盂、餴盂，與飤鼎、餴鼎飤鼎見三代三卷八葉須孟生鼎，二十三葉[illegible]生[illegible]鼎、二十四葉內公鼎。餴鼎見博古圖三卷三葉赤液鼎、三十五葉宋公鼎，三代三卷十五葉漻父鼎，四卷七葉[illegible]赤朕鼎。，飤盦、餴盦飤盦見三代十卷一葉樊君飛盨，三葉大𤔲馬盨、五葉魯士虖父盨、十五葉楚子盨，十六葉曾子盨。鑄盨見三代十卷二葉慶孫之子盨，十七葉番君召盨，二十四葉鼄大宰盨。，飤甗見三代五卷十二葉邕子良人甗，錄遺一〇六圖王孫壽甗。、鑄毀見三代七卷二十一葉貞毀，三十八葉毳毀，四十八葉鄧公毀，八卷六葉仲叀父毀。，名義無異，皆謂其為飯食之器。以盂與鼎皆為飯器，故亦偁鼎為盂，曆鼎云「用乍皇祖文考盂鼎」薛氏款識卷十，聞碩鼎云「用乍朕皇考盂鼎」小校經閣金文三卷二十六葉，大鼎云「用乍朕剌考己白盂鼎」三代四卷三十二葉，鄀公鼎云「自乍隮釪」三代四卷二十三葉，鈇厌之孫鼎云「鈇厌之孫墜之䵼」三代三卷十一葉，王子吳鼎云「自作飤鬲」三代四卷十四葉，宋夫人鼎云「宋君夫人之餗釪鼎」博古圖三卷三十七葉，據此則盂之與鼎，異物而通名者，乃以其皆為飯器而然。若湯漿之器或飲器如壺、匜、盉、卣、尊、觚、爵、斝之屬，則未有以飤或餗為名者，此考之彝銘，可以塙知盂之初義為飯器也。若夫酒器而有飤名者，僅一見於父乙觶，其銘曰「父乙飤」見三代十四卷四十二葉，案善齋禮器錄八卷二十四葉題此器為父乙盉。，校其文例，乃以飤字綴於銘文之末，是當為作器者之姓氏。案殷契卜辭云食來。不其來殷虛文字乙編六四〇〇片。乃卜食方是否來朝也。又云囚弗其从食殷虛書契前編六卷三十五葉二片，乃卜從食方之宜否也。又云口酉口旬亾咎，口食旬粹編一四二六片。以它辭例之，食上當闕在字，此乃於食方卜旬之休咎也。食方蓋即山海經東山經之食水，通檢卜辭，凡方名必兼姓氏，是以彝器有食仲走父盨小校經閣金文九卷三十六葉，食章盞見夢坡室獲古叢編卷一，漢人有食子公見漢書儒林傳，以食為姓氏，故卜辭有從女之飡見鐵雲藏龜二三二葉四片，前編四卷一葉六片，後編下卷三十四葉四片，殷契佚存七六八片，乙編六七九一片。，攷之文字，人女互通，故亦從人作飤。然則父乙觶之鈥，乃食氏所作祭父乙之器，非謂盛食之器，固不得據此以曲解飤盂飤鼎也。酒器而以于爲名者，亦見朿卣。其銘曰「公賣朿，用乍父辛于彝」三代十三卷三十葉。于即我鼎，及父辛觶之禦我鼎見三代四卷二十一葉，父辛觶見三代十四卷五十三葉。說文云「禦祀也」，是知于彝即告鼎之「祀彝」三代三卷五十三葉，及拍尊之「祀彝」三代十一卷三十三葉。祀彝而曰于彝，猶之作冊大鼎偁祀鼎而曰異鼎三代四卷二十葉，一則假于以爲禦，一則異乃祀之初文說詳殷栔新詮釋異，是亦不得據于彝之文，以曲解盂鼎之義也。盂雖飯器，然亦通用為歛器，見於金文者，魯大𤔲徒盂云「魯大𤔲徒元乍歛盂」（錄遺五一二圖）是其證。據此則盂之為物，食歛兼用，所以云食器為初義者，則以審其音義而知之。案筥、盂、盧，所從之聲文，并無所取義，是皆凵之假借。說文凵部云「凵，凵盧飯器，以柳作之，象形，𥫱或从竹厺聲」。葢以凵為飯器，飯器亦有竹編者，故凵之或體作𥫱與筥。盂盧并從皿者，是猶金文毀之作⿱毀皿（見三代七卷六葉舟毀，十三葉⿱大重白毀，西清古鑑二十七卷三十葉鼓罶毀，它器毀字并不從皿。），⿰舟贊之作⿱⿰舟贊皿（見三代十七卷十三葉中子化盤，案賸器之賸，它器作賸或賸，多不從皿。，醴之作豐見三代十二卷二十六葉曾白陭壺，且以別於柳作之丩也。丩與呂、于、盧，古音同爲烏攝，故相通假。諸字古音同部，而聲不同紐者，葢以殊方異語而有音變，盂與筥同爲飯器，是猶齊之名芋爲莒見說文艸部，亦同物而異名也。此以聲韻證之，可知盂爲飯器者，乃許書之原文。惟以古人通用盂爲飲器，是以經傳有言盂爲湯漿之器或酒器者，然非盂之本義也。別本說文作飲器者，飲當爲飯或飤之譌，段玉裁乃以譌文爲是，此未能焯知初形朔義之謬說也。

原𠂹

說文口部云「唾口液也，从口垂聲，涶或从水」。殳部云「段椎物也，从殳耑省聲」。目部云「睡坐寐也，从目垂聲」。肉部云「腄跟胝也，从肉垂聲」。竹部云「箠所以擊馬也，从竹垂聲」。木部云「槌關東謂之槌，關西謂之持，從木追聲」。又云「椯箠也，從木耑聲，一曰度也，一曰椯剟也」。又云「椎所以擊也，齊謂之終葵，從木隹聲」。禾部云「䅜禾𠂹皃，从禾耑聲」。人部云「儽𠂹皃，从人絫聲，一曰嬾懈」。广部云「㢈屋從上傾下也，从广隹聲」。石部云「碓所以舂也，从石隹聲」。立部云「端直也，从立耑聲」。手部云「揣量也，从手耑聲，度高曰揣，一曰捶之」。又云「捶以杖擊也，从手𡍮聲」。糸部云「縋以繩有所縣也，春秋傳曰夜縋納師，从糸追聲」。金部云「𨱆下𠂹也，一曰千斤椎，从金𨱆聲」。𨸏部云「陲危也，从𨸏𡍮聲」。審諸字所從𡍮耑諸聲，皆𠂹之假借。說文𠂹部云「

𠂹艸木華葉𠂹，象形」。引伸為一切下𠂹之義，口液吐地名曰唾者，謂自口下𠂹至地也。坐寐曰睡者，謂頭瞼下𠂹也。跟胝曰腄者，謂足跟之[illegible]，其位最下也。馬策曰箠，杖擊曰捶者，乃以其為用自上而下擊也。陲而訓危者，謂陵𠂤下陊也。訓遠邊之垂，從𠂹為聲（見說文土部），故諸字并假垂為𠂹。以𠂹義為下𠂹，故孳乳為禾𠂹皃之䅜，及𠂹皃之倕。其若椎物之𣪠，所以擊之椎，所以舂之硾，屋從上傾下之𢈔，以繩有所縣之縋，下𠂹及千斤椎之鐜，皆取下𠂹之義。槌者織薄席之縣槌，以其縣而下𠂹，故名之曰槌，即淮南子道應篇之閉鍾，據此則從追聲之槌，或從坐聲作鍾，是知鍾與槌縋所從坐追二聲，皆𠂹之假借也。考之說文篆搥與椎椯，乃音義相同之轉注字，然則椎椯所從隹耑二聲，其必如篆搥之例，亦為𠂹之假借也。案大雅縣篇云「其繩則直，縮版以載」，周禮考工記輪人云「縣之以眡其輻之直也」，輿人云「立者中縣」，禮記深衣云「負繩及踝以應直」，又曰「繩取其直」，墨子法儀篇云「直以繩，正以縣」，莊子馬蹄篇云「直者應繩」，此古者縣繩以正物之曲直也。商子禁使篇云「探淵者知千仞之深，縣繩之數也」，淮南子主術篇云「如從繩準高下」，此古者縣繩以測物之高卑深淺也。凡縣繩必下有依物，則繩無紆縮，兼之臨風不動，入水不浮，而後衺直可明，度數可得，是以自㐺而孳乳為訓直之端，與訓量之揣，以示物之端直者，乃資於縣㐺，量物之高卑深淺，亦資於縣㐺。此可證端揣所從耑聲皆㐺之假借，始見形義允合也。又案說文木部云「朵樹木𠂹朵朵也，從木象形」。竹部云「⿱⺮朵箠也，从竹朵聲」。女部云「⿰女朵量也，从女朵聲」。據此是𠂹朵⿱⺮朵⿰女朵與𠂹箠揣乃音義相同之轉注字，以朵𠂹音義相同，故從垂聲之埵，說文云「讀若朵」。然則謂段椯端揣所從耑聲，椎⿸广隹碓所從隹聲，槌縋所從追聲，⿰亻彖所從彖聲，⿱髟毀所從毀聲皆𠂹朵之假借，義亦可通。𠂹朵𠂹於古音同為阿攝，耑為安攝，對轉相通，故自朵𠂹而孳乳為段、椯、端、揣。隹追於古音屬威攝，彖於古音屬益攝，并與阿攝旁轉

相通，故自朵㒸而孳乳爲椎、雁、碓，與槌、
縋、㙕。𣪠之聲類，朵與耑隹追𣪠同屬端紐（隹屬照紐，追屬知紐，古音并入端紐。），㒸屬禪紐，絫屬來紐，諸
字同屬舌音，故相通假。說文別有矛戟柲下銅
鐏之鐓，亦從金𣪠聲，與下㒸之鐆形聲相同，
而義訓互異者，𣪠其音義，銅鐏之鐓與鐏爲疊
韻轉注之字，鐏從尊聲，乃叙之假借，示其可
穿插入地也。鐓從𣪠聲乃𡱂之假借，示其居於
柲下，猶𡱂爲人身之下也。𦎫𡱂古音同爲昷攝
舌音，故假𣪠而爲鐓。審此則銅鐏之鐓，與下

敘之鑿，其初劃然不紊，其後俱以假借造字，故致形聲相提，斯又造字假借之一病也。

原旦

說文糸部云「縳白鮮卮也，从糸專聲」（卮字依段注本訂）。又云「緂白鱻衣皃，从糸炎聲」。虫部云「蟫白魚也，从虫覃聲」。黃部云「䵄黃黑色也，从黃耑聲」。又云「黇白黃色也，从黃占聲」。諸本說文，及玉篇黃部，并釋䵄義為黃黑色，或臆改為黑黃色（見段玉裁注本）、或疑為青黃之譌（見徐灝說文解字注箋），是皆未知初形朔義，而謬爲之説也。⿰黹易當以黄白色爲本義，案商子禁使篇云「今夫幽夜山陵之大而離婁不見，清朝日⿰黹易，則上別飛鳥，下察秋毫」。其云「清朝日⿰黹易」者，謂當清明之朝，而日顯其黄白之光也。考之故籍，青與黑其義相近，而日光無青黑之色，此證之商子，可知⿰黹易之本義當爲黄白色者一也。案説文黑部云「⿱算黑黄黑而白也，从黑算聲。一曰短黑」。算者數也，於黄白之義及短黑之義，并無連謰，且黄黑而白與短黑，二義邈不相涉，其初當爲二字，其後則以同音相借，而合為一名。其訓為黃黑而白者，所從算聲必黇之假借，則於黃黑而白之義具而無闕。其訓短黑者，所從算聲乃短之假借，算與黇短古音同為安攝，故相通假。此審之聲音，唯黇短二字與纂義允合。假令黇非黃白色，則纂已從黑，其所從算聲當有黃白之義者，舍黇已外，無所適從矣。此證之纂從算聲，而為黇之假借，可知黇之本義宜為黃白色者二也。案廣雅釋器云「䵹黇𪏽黃也」，而未言黃黑或青黑。蓋以黃白色即淺黃色，詳言之則為黃白色，簡言之則為黃色，是以廣雅僅以黃釋之，此可證䵎之本義宜為黃白色者三也。考⿰黃單⿰黃屯與䵎乃音義相同之轉注字，蓋以⿰黃單從單聲，與䵎所從耑聲，同為端紐安攝，⿰黃屯所從之屯聲，本為定紐，從屯聲之頓，則音轉端紐，其於韻部則屯為昷攝，與安攝旁轉相通，是以䵎之異體亦作⿰黃屯。禮記檀弓下有獳子⿰屯黃，釋文曰「⿰屯黃吐孫反」，呂氏春秋去私篇有腹䵍，高誘注曰「䵍讀曰車⿱⺮屯之⿱⺮屯」，玉篇云「⿰屯黃黃色」，據此是⿰屯黃乃從黃𦎧聲，與⿰黃屯古音同部，斯亦䵎之異體，而與⿰黃單⿰黃屯二字皆不見於說文者。徵之故訓，馬之白鱗者曰驒見說文馬部，木之白理者曰樿見禮記禮器注，說文火部云「煒明也」，廣雅釋詁四云「僤明也」，凡物之明者，其色必白，是以月白為皎，日白為皢，此可證從單韋為聲之字，有光明色白之義也。方言卷十三云「炖煓赫也」，此可證從屯耑為聲之字，亦有明顯之義也。夫明白與青黑義實相誖，宜無兩存，此求之聲義，可知⿰黃耑與⿰黃單⿰黃屯獚之本義，宜為黃白色者四也。案廣韻䃫字下引說文云「涅䃫黑石出琅邪山」

，蓋通考故籍，凡從單耑屯𦎧為聲之字，而專有黑義者，僅此一見。然其所引說文為諸本所無，玉篇石部載磾字僅云「漢有金日磾」，而未釋其義為染繒黑石，然則以染繒黑石為磾者，非唯不見說文，亦不見唐前載籍，蓋為唐代之譌傳，固未可據此而謂⿰黃耑⿰黃覃兼有黑色之義也。以形聲字必兼會意律之，縳蟫⿰黃耑黇所從專覃耑占諸聲，舉不足示白色之義。唯緂從炎聲，炎者火光上也，黇當從炶省聲，炶者火行也。俱於白色為近。然火光之色乃赤白，而非純白，逸周書太子晉篇云「汝色赤白，火色不壽」者是也。以火光之色赤白，故自光而孳乳為馬赤白雜毛之騢，及帛赤白色之紅，騢從叚聲，紅從工聲者，皆光之假借也。審此可知狀白鱻衣之緂，所從炎聲，非承炎義而孳乳，覈其音義，緂與縛蟫䵎黇所從之聲，皆為旦之假借。說文旦部云「旦明也，从日見一上，一地也」。是則旦乃象日出地平之形，夫日出地平，則天色皓白，故孳乳為白而黑之黖，旦與專耑古音同為安攝端紐（專屬照紐，古音并入端紐。），同音通借，是以假專爲縛，假耑爲⿰黹耑。占於古音屬端紐，炎覃屬定紐炎屬喻紐、古歸定紐。，與旦同爲舌音，是以假占而爲⿰黹占，假炎覃而爲緂蟫，據此則⿰黹耑與⿰黹占乃雙聲同義之轉注字，是亦⿰黹耑之本義爲黃白色之一證也。

原隶

說文走部云「趛低頭疾行也，从走金聲」。音部云「韽下徹聲，从音酓聲」。頁部云「顉低頭也，从頁金聲」。據趛之釋義，則趛當从顉省聲，始見低頭疾行之義。考之文字，有省形或省聲而會意者，若合會善言之諂，籀文作譮為其本字，所從之言乃譏之省。候至曰詣，所從之言乃詈之省，所從旨聲乃至之借，以示待之而至，非謂節候所至也。艸木實𤯓所從之生乃甡之省，所從豕聲乃實之借，從甡者，以示實多而下𠂹也。貧病曰疚，所從之宀乃穷之省，穷者貧之古文，從久聲者，示因病而施灸也。金幣所藏曰帑，巾乃帛或幣之省，奴乃貯之借，以示貨幣之所積也。履屬曰屝，履荐曰屟，所從之尸乃履之省。盡酒曰㰆，其形文之欠乃歛之省，所從樵聲乃盡之借。柔石為厎，旱石為𠩺，發石為厥，石利為廙，美石為居，石聲為厒，其形文之厂并石之省。仄出泉為厬，其形文之厂乃原之省。目好為媌，其形文之女乃好之省，所從苗聲乃目之借。保任之嫜，不肖之婄，所從之女并如之省，於嫜以示在限內或限外，各如其臯而臯之。於婄則以不如義卽不肖，否不音義相同，乃無本字之借也。囚突出為墪，所從之土乃埍之省，埍者徒隸所凥，卽周禮大司寇之圜土，其云囚突出者，謂因徒突出圜土之外，此皆形文之省也。若玠從夼省聲，以示大圭之義。芸從魂省聲，以示返魂之義。璁驄并從蔥省聲，以示色若蔥青。祩姝并從珠省聲，以示皎美如珠。詆羝皆從奃省聲，於詆以示大聲訶責，於羝以示壯羊體大。鸕壚并從盧省聲，於鸕以示為黑色之鳥，於壚以示為黑剛之土。鷇彀并從㱿省聲，以示乳哺之義，左傳宣四年云「楚人謂乳穀」是其證。考乳穀古音同部，固亦承乳義而聲轉之方言也。犗從割省聲，以示割勢。㹕從𨡉省聲，以示臼牛。哲從晢省聲，以示明知。讀從櫝省聲，以示誦書。諏從聚省聲，以示聚議。護從矆省聲，以示救視。瞉從闓省聲，以示闓掫。眮從侗省聲，以示瞋目顧視。肪從旁省聲，以示溥及全軀。齎從劑省聲，以示生即齊斷。鍻從暍省聲，以示傷暑變味。夆從害省聲，以示相遮要害。聽從穗省聲，蓫從繸省聲，并以示如禾采之下乑。槸從熱省聲，以示相摩則熱。枕從頫省聲，以示薦首之物。昕從圻省聲，以示日將出地。殅從壘省聲，以示雨除星見。稗穆并從牌省聲，以示禾黍之別種。⿰黍畐⿰片畐并從副省聲，於⿰黍畐以示剖割潰葉，於⿰片畐以示判木成片。痁從黏省聲，以示熱瘧如火。覶從⿰女𤔔省聲，以示柔順好視。⿰員見從⿰員厶省聲，以示紛⿰員厶眾視。覕從閟省聲，以示蔽不相見。魃從炦省聲，以示其為旱鬼。廥從薈省聲，以示藏艸之多。⿰乾馬從乾省聲，以示馬毛之長。駜從⿰月必省聲，以示馬飽則肥。騰從謄省聲，以示傳遞文書。黮從葚省聲，以示黑如桑葚。⿱大此從眥省聲，以示瞋目。⿵門擘從擘省聲，以示擘開。悑從捕省聲，以示恐於執捕。潎從擊省聲，以示水中擊絮。霤從廇省聲，以示屋水之流。霩從鄭省聲，以示去雨雲罷。房從傍省聲，以示室在傍側。閔從吝省聲，以示哀弔恨惜。攘從褱省聲，以示擊於衣上。媒從謀省聲，妁從酌省聲，以示謀合及斟酌二姓。嬒從黵省聲，以示女之色黑。甄從煙省聲，以示火气而成。絹從稍省聲，以示色如麥稍。綟從莀省聲，以示莀艸染色。紞從耽省聲，以示縣瑱當耳。皦從的省聲，以示白縞。𥉻從燦省聲，以示燒種。毗從岷省聲，以示田民。疄從蹸省聲，以示轢田。勤從艱省聲，以示勞勵。鎬從熇省聲，以示盈器。輬從涼省聲，以示盈涼適宜。⿸广犮拔并從茇省聲，於⿸广犮示其爲艸舍，於拔示其拔擢艸根。召南甘棠云「召伯所茇」，毛傳所謂「草舍」者，正爲⿸广犮之初義，其作茇者，與周禮大司馬之「茇舍」，并爲⿸广犮之初文也。證以重文，逋從捕省聲，而籒文作𨖼，⿱稫火從稫省聲，而籒文作⿱稫火，是卽篆文省聲之明證。若斯之比，說文皆未以省形或省聲釋之。其以省聲釋之者，或昧於初義。若行馬曰梐，所從坒聲乃比之借，以示比比木交牾，而說文釋梐爲陛省聲，[illegible]從凥聲，乃以[illegible]垢在污瀋之下，亦猶凥在人身之下，而說文釋爲殿省聲。溦從散聲，以示小雨，而說文釋爲微省聲。赤牛曰𦍒，故自𦍒而孳乳爲赤剛土之𡋴。觲從𦍒聲者，𦍒乃凡之借，示其用角之便捷也。而說文釋觲爲會意，釋𡋴爲觲省聲（說文詳說正補）。訓酗曰醟，乃從熒省聲，以示因酒亂性，而說文釋醟爲熒省聲。如此之類，皆致義訓乖違，是亦許氏之失也。[illegible]從酓聲，鎮從金聲，義俱無取，并爲𣐺之假借。説文𣐺部云「𣐺艸木垂𠌶實也，从木马，马亦聲」。以𣐺之本義爲𠂹𠌶實，故引伸爲一切下𠂹之義，因而孳乳爲頷與顉。是猶𠂹義爲艸木華葉下𠂹，故自𠂹而孳乳爲坐寐之睡，及擊馬之箠，良以睡爲目瞼下𠂹，箠爲自上而下，是亦𠂹之引伸而孳乳，睡箠而從垂聲者，乃𠂹之假借也。𣐺於古音屬奄攝匣紐，酓金所從今聲，於古音屬音攝見紐，聲韻略有睽隔，而相通借者，案説文口部云「啗從口臽聲，讀與含同」，马部云「马讀若含」

，是可證從今聲之含，與奄攝匣紐之臽弓同音也。又說文弓部載圅之俗字從今聲作肣，是又可證今與圅同音也（案圅乃從矢之合體象形，說文云圅從弓聲，其說非是。唯圅弓同音，故許氏有此謬說，說見文字析義。）。據此則從弓聲之柬，古音固與今相同，此所以⿰鹵旨從酓聲，顉從金聲，皆為柬之假借也。

原耑

說文角部云「觛小觶也，从角旦聲」。缶部云「⿱乑缶小口罌也，从缶乑聲」。山部云「巒山小而銳者，从山䜌聲」。厂部云「厜，厜㕒山顚也，从厂垂聲」。馬部云「𩧨馬小皃，从馬垂聲，讀若箠，籒文作䮔」。水部云「涶河津也，在西河西，从水垂聲」。糸部云「緒絲耑也，从糸者聲」。金部云「錐銳也，从金隹聲」。或釋𠂹曰「小口則宁物必垂下之，故曰𠂹」（見段玉裁說文注）。是未知凡餅罌之貯物，靡不下𠂹，未有橫行平列而庋閣之者，乃以物之𠂹下而釋𠂹之从𠂹，斯亦謬戾之甚矣。諦審諸字所从聲文，皆耑之假借。說文耑部云「耑物初生之題也，上象生形，下象根」。夫草木初生，其形散眇，故自耑而孳乳為小巵之䏱（見巵部），小觶之觛，小口罌之罃，及馬小兒之䮞。題者領也，領附於頭，凡艸木初生其頭纖銳，故孳乳為山小而銳之巒，山顛之㟨，及訓銳之錐。河津曰湍者，以其渡處在西河之西，近於河原是為河津之頭，絲耑曰緒者，是為絲之頭，故自耑而孳乳為湍與緒。夫名河之渡頭曰湍，而假湍為耑，是猶偁山之足曰麓，亦假鹿為足，一則以物以擬水，一則以人以諭山，此固文字孳乳之通則也。衆於古音屬阿攝，耑於古音屬安攝，對轉相通，故假欮為耑，耑與旦緜古音同部，故假旦為耑而作觛，假緜為耑而作𦇧。耑與者隹古音同屬端紐（者隹屬照紐古入端紐。），故假者而作緒，假隹而作錐。復以發聲考之，欮屬禪紐，耑屬端紐，然從垂聲之諈、腄、箠、𩣵、捶、娷、埵，則音轉端紐（諈、腄、箠、娷并為知紐，𩣵、捶并為照紐，古音并入端紐。），從耑聲之瑞、遄、諯、篅、歂，則音轉禪紐，是知從欮耑二聲之字，古或同音，此所以從欮聲之𧊒、𠩺、𩣵、涶，為耑之假借，從耑聲之段、椯、䅥、端，為欮之假借也。

原匕

說文玉部云「玭珠也，从玉比聲。宋宏曰淮水中出玭珠，玭珠珠之有聲者。蠙夏書玭从虫賓」。攴部云「㪅改也，从攴丙聲」。又云「𢽤毀也，从攴卑聲」。隹部云「雌鳥母也，从隹此聲」。箕部云「簸揚米去康也，从箕皮聲」。食部云「飶食之香也，从食必聲」。木部云「椑圜榼也，从木卑聲」。㫃部云「旇旌旗披靡也，从㫃皮聲」。禾部云「秕不成粟也，从禾比聲」。米部云「粃惡米也，从米比聲」。人部云「偏頗也，从人扁聲」。頁部云「顛傾首也，从頁卑聲」。又云「頗頭偏也，从頁皮聲」。豕部云「豝牝豕也，从豕巴聲。一曰二歲豕能相杷拏者也，詩曰一發五豝」。馬部云「駊，駊騀，馬搖頭也，从馬皮聲」。囟部云「𣬈人齎也，从囟囟取通气也，从比聲」。水部云「波水涌流也，从水皮聲」。魚部云「鮩蚌也，从魚丙聲」。手部云「披從旁持曰披，从手皮聲」。女部云「妣歿母也，从女比聲。𡚱籀文妣省」。匚部云「㔯側㔯也，从匚丙聲，一曰箕屬」（側㔷二字依段注本訂）。虫部云「蠯蜌也，脩為蠯，圓為蠇，从虫庳聲」。又云「蚌蜃屬，从虫丰聲」。土部云「坡阪也，从土皮聲」。𨸏部云「陂阪也，从𨸏皮聲」。又云「陴城上女牆俾倪也，从𨸏卑聲」。攷諸字所從之聲，及㔷所從之丙，並無所取義，是皆匕之假借。說文匕部云「匕相與比敘也」，斯乃誤以比之引伸義而釋匕。蓋以匕比同音，古相通作，是以許氏有此繆解。而未知匕僅象一人傾頭之形，不能有相與比敘之義也。以匕之本義爲頭傾，故訓頭不正之頃從匕會意，訓頃之歧從匕爲形（見說文匕部），亦自匕而孳乳爲偏與顊頗。坡與陂乃一字之異體，釋名釋山云「山旁曰陂言陂陁也」。文選魏都賦劉淵林注曰「陂傾也」，據此是山旁之傾衺而下者，名之曰坡。揚米去康而曰簸者，謂箕之傾動也，旌旗披靡而曰旋者，謂因風扯引，而旛幅衺偃也，水之涌流而曰波者，謂瀾淪滕激，猶皺之頃動，與旋之衺偃也，凡此皆承頭頃之匕所孳乳。馬之搖頭而曰駊騀者，駊騀古音同屬阿攝，是乃疊韻同義之連語，駊所從之皮爲匕之借，騀所從之我爲咼之借。咼者口戾不正也（見說文口部），馬之搖頭，則其頭頃倚動盪而非平正，故旨頭不正之匕及口不正之咼，引伸而孳乳爲駊騀。說文別有黃馬黑喙之騧，是乃騧之別一義也。說文云「㔷從丙聲」者，㔷與丙聲韻迥異，徐鉉知其然，而曰「當從內會意」。或疑爲從谷部之㕯聲（見段玉裁說文㔷字下注），或謂內聲亦近（見鈕樹玉說文校錄），是皆未知假借造字之例，故無一得其塙解。藉如其說，則從內之字，不足示側㔷之義，是㔷非從內會意也。覈之聲音，則丙屬央攝幫紐，㐁屬音攝透紐，內屬威攝入聲泥紐，與㔷屬謳攝來紐，聲韻俱乖，則㔷非從丙聲，而亦非從㐁聲與內聲也。或謂「丙㔷聲之轉，微子攘竊，史宋世家作㔷淫，是丙聲也」見嚴可均說文校議。斯則未知史公纂錄尚書，有所見古文與僞孔本互異，而聲韻懸絕者，有以訓故字代原文者，固未可據此以證㔷與攘，淫與竊古音相通。而乃云然，是未知史公纂錄之例，而謬爲之說矣。愚謂㔷乃從丙會意，㔷之從丙，與叜之從丙，并爲匕之借。⿱丙又從匕者，示改其頃衰執於平正也。⿷匚丙從匕者，示隱藏於辟側不顯之地。蓋後人見⿷匚丙之從丙無以會意，故妄增聲字。是猶需本從而會意，後人不知所從之而爲止之假借，亦妄增聲字，而未悟其聲韻俱乖也。匕亦象歛匙之形，故其弟二義爲匙之古名，說文所謂「匕亦所以用取飯」者是也。匕有大小，其大者率以木製，故其字從木作朼，見儀禮士喪禮、士虞禮、特牲饋食禮、少牢饋食禮、有司徹。或作枇，見禮記雜記。或以角製，故有角匕之觛見說文角部，角匕小於木朼，禮記喪大記云「小臣楔齒用角柶」，孔氏正義曰「柶長六寸兩頭屈曲」者是也。其大者或以取黍稷（見儀禮少牢饋食禮注），或以取牲體（見儀禮有司徹），其小者或以銅作，而用之進食，姬周銅匕之傳世而有銘文者，今有⿰禾日仲無龍匕一器，⿰虫匕匕一器（三代十八卷二十九葉三〇葉），以匕亦用之進食，故孳乳為訓美之旨，旨從匕聲者，亦以匕進甘味也。匕之耑隋圓窊下而中空，物之有裂痕者似之，故自匕而孳乳為㡜裂之⿰巾匕（見說文巾部）。物之会器，亦狹長而中空似匕，故又孳乳為畜母之牝（見說文牛部），與牝鹿之麀（見說文鹿部），據此可知食之香而曰飶者，是猶食之美而曰旨，飶所從之必乃匕之假借，示以匕進食之義也。方言卷六云「器破而未離謂之璺，南楚謂之㪇」。據此是說文訓毀之⿰卑攴與方言之㪇，乃雙聲同義之轉注字。⿰卑攴㪇所從卑比二聲，皆匕之假借，猶⿰巾祭裂而曰⿰巾比也。惡米曰粃者，謂其剝缺不完，義亦視此。⿰卑攴與⿰皃殳古音同為益攝，是乃疊韻同義之連語。⿰皃殳所從皃聲乃也之假借，也於古音屬阿攝，與益攝旁轉相通，也者女侌（見說文乀部）

，然則轂皺之訓毀者，乃取象於匕之缺裂也。鳥母曰雌，牝豕曰豝，貜母曰妣者，亦猶牝麀之從匕，謂其会器如匙也。玭與鮩蠯蚌乃雙聲同義之轉注字，玭義為珠者，謂玭所產之珠，玭本蚌名，故夏書從虫作蠙。說文釋蠯為蜌，而無蜌篆，蓋即玭之異體。蚌形如会器之狹長中空，此所以脩長者名之曰蠯也。圜榼而曰椑者，乃謂如匙耑之隋圜，周禮考工記廬人鄭玄注曰「椑隋圜」是也。不成粟而曰秕者，謂其中空無實。人齎曰魮，女牆曰陴者，俱謂其有孔如匕。陴可窺敵控弦，名曰女牆者，取其形似女会，凡此皆如牝麀之例，并承鈑匙之匕而孳乳者也。釋名釋宮室云「城上垣曰睥睨，言於其孔中睥睨非常也。亦曰陴，陴裨也，言裨助城之高也，亦曰女牆，言其卑小，比之於城，若女子之於丈夫也」。其釋俾倪為睥睨，說無可易。惟釋陴為裨，釋女牆為言其卑小若女子，則迂遠繚曲解，而失其初義矣。以此言之，可知雌、牝、妣、陴，諸字所從此巴比卑諸聲，亦皆匕之借也。匕與此古音同為衣攝，疊韻通借，是以假此而為雌。匕與卑必巴丙同屬幫紐，雙聲通借，是以假卑而為[卑+支]椑[卑+頁]及[广+卑+虫]陴，假必而為鉍，假巴而為豝，假丙而為更鮩[匚+丙]。皮扁同屬並紐，丰屬滂紐（丰屬敷紐，古音歸滂紐，從丰聲之蚌則屬並紐。），與匕俱為脣音，是以假皮而為[黹+皮]、旇、頗、駊、坡、波、披，假扁而為偏，假丰而為蚌。匕與比同屬衣攝幫紐，同音通借，是以假比而為玭、秕、粃，及[目+比]、妣也。考殷契卜辭於豕之牝者作[豕+匕]（案卜辭[豕+匕]剢二字形義互異，羅振玉并釋牝，其說非是，說詳殷契新詮釋剢。），斯為牝豕之本字。篆文之豝乃[豕+匕]所孳乳之俗字，所從巴聲為匕之假借，此其塙證也。妣之見於彝器者，若叔弓鎛（博古圖廿二卷七葉），義㚸鬲（三代五卷十八葉），召仲鬲（三代五卷三十四葉），陳侯午簋（三代八卷四十二葉），字并作㚸，與說文所載籀文同體，於殷契卜辭僅作匕（見甲骨文編，及續文編妣字下）。其作妣者始見鄦侯簋（三代八卷四十三葉），斯乃東周之器。是知篆文之妣為㚸之後起俗字，㚸從匕聲，乃承飯匙之匕而孳乳，斷可知矣。匕亦曰匙者，匙從是聲，與匕聲韻縣絕，葢為方俗殊語。以匕孳乳為籀文之㚸，而為嫂母之偁，故自匙亦孳乳為媞，而爲江淮之閒偁母之名，訓母之媞當從是省聲，而說文云從是聲，未諦。是知是非中夏雅言，故自是而孳乳爲媞，亦非中夏雅言。斯又可證妣從匕聲，與媞從是聲，皆取其侌如飯匕，無可致疑者也。據牝、麀、豼、妣諸字言之，則知雌、玭、秕、眦、粃，及魶、蚌、陴所從此比丙丯卑諸聲，皆匕之假借，益爲信而有徵。說文於妣字下云「妣籒文省」，於麀字下云「从鹿牝省」，是未知妣麀之從匕，皆承飯匙之匕而孳乳，故有此謬說也。

原比

說文此部云「此止也，从止匕，匕相比次也」。辵部云「迫近也，从辵白聲」。又云「⿺辶𡍮近也，从辵𡍮聲」。又云「邇近也，从辵爾聲」。言部云「譬諭也，从言辟聲」。又云「⿱頻言匹也，从言頻聲」。革部云「鞞刀室也，从革卑聲」。目部云「䀣直視也，从目必聲」。又云「矉恨張目也，从目賓聲」。木部云「⿰木毘梠也，從木毘聲，讀若枇杷之枇」。又云「梐，梐枑行馬也，從木陛省聲」。又云「楅以木有所畐束也，從木畐聲」。日部云「昆望遠合也，从日匕，匕合也」。瓜部云「瓣瓜中實也，从瓜辡聲」。匕部云「毕相次也，从匕十」。又云「𡿺頭𩪏也，从匕，匕相匕箸也」。又云「卬望也，欲有所庶及也，从匕卪」。又云「卓高也，早匕爲卓」。又云「艮很也，从匕目，匕目猶目相匕，不相下也」。尸部云「尼從後近之，从尸匕聲」。犬部云「猵獺屬，从犬扁聲，獱或从賓」。鼠部云「𪕬鼠，𪕬鼠似雞鼠尾，从鼠此聲」。手部云「捭兩手擊也，从手卑聲」。女部云「媲妃也，从女毘聲」。糸部云「辮交也，从糸辡聲」。又云「緶交枲也，一曰緁衣也，从糸便聲」。車部云「輩若軍發車百兩為輩，从車非聲」。考匕有二義，其一為頭頃，象人頭頃側之形，以是而孳乳為訓頃之跂，及頭不正之頃。匕之弟二義為匙之古名，以匕亦象飯匙之形，故有飯匙之義。以是而孳乳為訓匕之匙，及訓美之旨。說文匕部云「匕相與比敍也，从反人」。釋義釋形，說并非是。其云「相與比敍」者，乃誤以比義而釋匕

，蓋以匕比同音，古相通作，故許氏於字義有
此謬說也。其云「从反人」者，是未知匕乃象
人頭頃側之形，亦象飯匙之形，故於字形有此
繆說也。審此𠤏諸字，其義非承匕而孳乳，是
皆比之假借。考卜辭比字作（說詳殷契新詮釋比），審其構體，與卜辭从字及祖妣之妣字，
其形迥異，是乃象二人屈體相暱之形，當以夫
妻牉合為本義，引伸則有比擬、比合，與凡親
暱連比之義。說文比部云「比密也，二人為从
，反从為比」。其云「密」者，乃比之引伸義

，其云「反从爲比」者，則就篆文而言，失之形義未合。是猶匹本從比諧聲，與比轉注，而說文釋爲從匸八聲，斯亦昧於初形，故有此誤解。以比之伸有連比之義，是以地相次比而從比作坒也（見說文土部）。推類言之，旨之從匕，猶卬之從比，所以示比合之義。益以卬爲輔信，從比聲者，示其與正信相比合而行也。若相次之𠤏從匕者，亦如此之示比次之義，從十者，示其相次之盈數，猶博計之從十也。頭髗之𡿺從匕者，乃示連比附箸之義。卬卓旨從匕者，乃示比擬之義。凡此并承比而孳乳，是其所從之匕，皆比之假借也。尼與邇古音同屬衣攝泥紐，⿺辶臸屬衣攝入聲泥紐（尼屬娘紐，爾臸并屬日紐，古音并入泥紐。），是尼與邇⿺辶臸乃音義相同之轉注字。尼所從之匕為比之假借，則邇所從之爾聲，⿺辶臸所從之臸聲，是亦比之假借也。比迫雙聲，是迫亦比所孳乳。據此則訓近之尼迫⿺辶臸邇，皆承比義而孳生。而於近獨從斤聲，與比聲韻俱乖者，則以其所從之斤乃艮之假借。艮者謂怒目相比，夫能互見怒目相比，則近在其中。艮斤古音同屬昷攝見紐，故相通假。說文土部載垠之或體從斤聲作圻，是卽艮斤同音，古相通作之證。以近與尼邇諸字語原互異，此所以義訓雖同，而聲韻遼隔也。自尼而雙聲孳乳爲日近之暱，說文載暱之或體從尼聲作昵，斯爲日近之本字。以暱非承比而孳乳，此所以暱與比聲韻俱乖也。譬所從之辟爲比之假借者，示以它物比擬而明其義，墨子小取篇所謂「辟也者舉他物以明之」，說苑善說篇所謂「彈之狀如弓」者是也。譬而訓匹者，謂言相匹敵，所從頻聲爲比之假借者，謂以言相比況也。大雅桑柔鄭箋云「頻猶比也」，可徵以比釋頻，其來有自矣。⿰目必與矉乃音義相同之轉注字，所從必賓二聲爲比之假借者，示以怒目相比而視，猶⿱目匕之從匕，以示相比之義也。惟⿱目匕之本字乃從比會意，⿰目必矉之初意，乃從比諧聲，雖三字會意形聲其例殊科，而義訓則一。是猶獄之初意以從辛會意，訓獄之犴其初意以從辛諧聲，而篆文於獄所從之言，犴所從之干，皆辛之假借，是亦會意形聲其例殊科，而義訓一揆也。⿰木毘所從之毘爲比之假借者，示屋梠之相比列也。梐枑所從之坒為比之假借者，示以木梃比列而相交錯，非如說文所謂從陛省聲也。辡所從之辛為比之假借者，是猶匘所從之匕為比之假借，一則示瓜實之相比箸，一則示頭髗之相比箸也。猵為獺屬，其所從之扁為比之假借者，示其形比近於犬，猶獺之義為水狗也（水狗二字依段注本訂）。⿱此鼠所從之此為比之假借者，以其尾形近鼠而非鼠，猶猵之形近於犬而非犬也。媲所從之𣬉為比之假借者，示連比與比伉之義，蓋避與枇杷之枇及复母之妣相同，故假皃而為槐，假坒而為梐，亦假皃而為媲也。刀室曰鞞者，謂比合兩革為之，猶劍柙之柗，而從合諧聲也。兩手擊而曰捭者，謂兩手相比而擊之。畐束曰楅，訓交曰辮，交枲曰緶者，俱取比合為義。行軍而以車百兩為輩者，謂以百車相連比而有所繫屬，即六韜均兵篇所謂「百車一將」者是也。據此則捭辮緶輩所從卑辡便非亦皆比之假借。說者乃曰「輩從非車，非者兩莖，形聲中有會意」見段玉裁說文輩字注。是未知軍車以百兩相連者，不必分為左右二翼，而乃云然，是強爲牽合矣。蓋單車以百兩爲輩，是猶民之以五家爲比（見周禮地官大司徒），俱取連比之義，非取左右二翼之義也。匕比於古音同屬衣攝幫紐，故假匕而爲比、昆、𠤏、匘、卬、卓、昆、尼。比此古音同爲衣攝，故假此而爲𪕬，頻賓辨扁便同屬因攝幫並二紐（頻屬奉紐，古音歸入並紐，辨扁屬非紐，古音歸入幫紐，比則屬幫並二紐。），與比對轉相通，故假頻而爲顰，假賓而爲矉，假辨而爲辮、辦，假扁而爲猵，假便而爲緶，必屬衣攝入聲幫紐，與比音相切近，故假必而爲䀣。辟屬幫並二紐，白畐俱屬並紐，卑屬幫紐，與比之屬幫並二紐相同，故假辟而為譬，假白而為迫，假畐而為楅，假卑而為捭。非屬威攝幫紐，與比旁轉相通，故假非而為輩。若皂坒二聲皆比所孳乳，故假皂而為梍、媲，假坒而為梐。考說文玉部載玭於夏書作蠙，女部載妣之籀文作𡚁，匕於儀禮士喪禮作朼，於禮記雜記作枇，玭之轉注字作蠯，⿰卑攴於方言卷六作⿰比攴，史記司馬穰苴傳云「糧食最比」，比讀如卑，儀禮既夕禮注曰「古文柲作枈」，周禮攷工記輪人注曰「故書庇作秘」，是比與賓匕皁必古相通借之證也。

原冤

說文艸部云「菀所以養禽獸，从艸夗聲」。心部云「悁忿也，从心肙聲」。又云「怨恚也，从心夗聲」。女部云「妴婉也，从女夗聲」。又云「婉順也，从女宛聲」。審諸字所從之聲，於義不協，是皆冤之假借。說文兔部云「冤屈也」，引伸爲凡屈曲拘圍之義，菀所從之夗爲冤之借者，謂拘養禽獸，猶冤之從兔在冂下，示不得走之意也。悁怨乃音義相同之轉注字，所從肙夗二聲皆承冤義而孳乳，所以示梩曲不平，則心懷恨怒也。妴婉亦音義相同之轉注字，所從夗宛二聲爲冤之借者，示曲意順從之義也。自婉而孳乳則爲𡡉。案說文夕部云「夗轉臥也，从夕卩，臥有卩也」。說文宀部云「宛屈艸自覆也，从宀夗聲」。審之形義，宛不從艸，無以見屈艸之義，夗宛當爲一字之異體。考之許書所載重文，則有禋煙之籒文作𡨦𡬁見說文示部火部，考之卜辭與金文，屢見從宀以爲緐文，於卜辭則有黃之作⿱宀黃見鐵雲八十四葉二片，前編六卷三十一葉四片．，休之作⿱宀休佚存一四八片，見之作寛鐵雲四十四葉三片，京津三六三六片．，新之作⿱宀新佚存一三三片．二一七片，遺珠六四五片，辭編一四五片，一四六片，一六一片，甲編二一九八片．，矢之作⿱宀矢前編四卷二葉七片，京都二五〇四片，鄴羽初集下四〇葉六片．，鼓之作⿱宀鼓前編二卷十二葉四片，叚之作⿱宀叚前編四卷三十一葉六片，於金文則有譆之作⿱宀譆見三代一卷三十二葉屭羌鐘，昜之作⿱宀昜三代二卷四十三葉⿱宀昜長鼎，十一卷三十三葉斿尊．，盂之作⿱宀盂三代七卷二十一葉赤⿱宀盂段，球之作⿱宀求三代七卷二十三葉歐⿱宀求婦段，段之作⿱宀段三代七卷一〇葉白劉段，鋞之作⿱宀鋞三代八卷五十一葉⿱宀鋞赤段，䑶之作⿱宀䑶三代九卷三十八葉至四十四葉頌𣪘，殷之作⿱宀殷三代十三卷四十四葉臣辰卣，比之作⿱宀比三代十六卷二十三葉⿱宀比父癸爵，絲之作⿱宀絲三代十七卷二十二葉散氏盤，員之作⿱宀員三代十八卷十四葉喪史⿱宀員鈚，办之作⿱宀办貞松堂集古遺文十一卷二十一葉⿱宀办戈，若斯之類，其從宀與不從宀，音義無異。據此則夗宛亦必為一字之異體，非有二義也。許氏誤施區別，而又所釋形義不合，足知其非。說文以轉臥釋夗者，謂反轉其身而臥，非屈體而臥也。夫夗非屈體，則其引伸不當有屈曲之義。考之載籍，凡從夗宛為聲之字，多有曲義者，斯乃冤之假借義，而非夗宛之引伸義也。

冤與夗、肙、宛，古音同爲安攝喉音，故相通假。說文女部云「婏宴婏也」，宴婏卽郷風新臺之燕婉，說文目部引作睍婉，可證婏乃婉之本字。案漢書地理志濟陰郡有冤句縣，史記封禪書作宛朐，周禮天官染人注曰「故書纁作黧」，黧卽說文黑部之黦，凡此并可證冤宛同音，古相通借也。

原灮

說文玉部云「瑛玉光也，从玉英聲」。又云「瑕玉小赤也，从玉叚聲」。艸部云「英艸榮而不實者，一曰黃英，从艸央聲」。目部云「矔目多精也，从目雚聲，益州謂瞋目曰矔」。舜部云「⿰舜生𠌶榮也，从舜生聲」。木部云「權黃華木，從木雚聲」。𠌶部云「𠌶艸木華也，从𠌶亏聲」。日部云「曠明也，从日廣聲」。又云「景日光也，从日京聲」。又云「暈光也，从日軍聲」。又云「暀光美也，从日往聲」。米部云「粠陳臭米，从米工聲」。穴部云「空竅也，从穴工聲」。頁部云「頌皃也，从頁公聲」。石部云「磺銅鐵樸石也，从石黃聲，讀若穬」。馬部云「騢馬赤白雜毛，从馬叚聲，謂色似鰕魚也」。火部云「煇光也，从火軍聲」。又云「煌，煌煇也，从火皇聲」。又云「焜煌也，从火昆聲」。魚部云「鰕，鰕魚也，从魚叚聲」。糸部云「紅帛赤白色也，从糸工聲」。虫部云「蠏有二敖八足旁行，非它鮮之穴無所庇，从虫解聲」。又云「虹螮蝀也，狀似虫，从虫工聲。𧈅籀文虹从申，申電也」。金部云「鏡景也，从金竟聲」。攷諸字所從聲文，并無所取義，是皆光之假借。說文火部云「光明也，从火在儿上，光明意也」。據此是自光而疊韻孳乳為晃曠景暀及煌，自光而雙聲孳乳為暈煇焜。其作晃暈者示日之明，其作煇煌者示火之明，是皆光所孳乳之轉注字。而於曠景暈暀，乃假廣京軍往以為光，於煇煌焜乃假軍皇昆以為光者，蓋以光既從火，晃既從光，為免字形重贅，及應語音變遷，故爾孳乳為景暀煇煌諸文。若斯之屬，撢厥原始，當非昧於本字，而別構它文。乃以綴言者，詞尚整飭，音貴調諧，是以轉注之字，大抵肇於疊語發興之時，其以雙聲疊韻而構為連緜之詞者，亦多見於東周之世。此可覘轉注者，非唯圖合語言，兼別形義，亦以增華詞藻，故爾滋益彌豐，用之彌廣也。英雝荂所從央𡳿亏三聲為光之假借者，所以示艸木之華受日光而呈采色，爾雅釋草有英芫之名，芫當為英之本字而見於典記者也。權所從之雚為光之假借，以示其為黃華木之義者，猶𤐫從𤐫聲，乃以火飛之色而示黃華之義也。夫英從央聲，而為光之假借，故自英孳乳為玉光之瑛。以瑛為玉光，則當如水涌光之洸，以從光聲爲其本字，漢人有楊邑侯馮珖（見後漢書馮魴傳），斯正璜之本字作珖之證也。磺所從之黄爲光之假借者，以銅鐵之樸石煇然有光也。光之色赤白，故孳乳爲玉小赤之瑕，陳臭米之粠，馬赤白雜毛之騢，及帛赤白色之紅。鰕蝦色俱蒼白，經火孰則赤，故知所從叚解二聲，亦光之假借。許氏未知騢鰕所從叚聲，皆承光義而孳乳，乃曰「騢色似鰕魚」，是謬爲比傅矣。案國語吳語云「大荒薦饑，市無赤米」，漢書賈捐之傳云「太倉之粟紅腐

而不可食」，據此則粟之陳腐者其色亦，故知
粠與紅并為光之假借。矐義為目多精者，謂目
多精光，說文晶部以精光釋晶，是乃以精光為
同義疊語之證。瞋目視人，則精光倍益，是以
益州謂瞋目曰矐，此可證矐所從雈聲亦光之借
也。空竅乃雙聲同義之轉注字，說文放部云「
敫光景流皃」，竅從敫聲，與空從工聲，而為
光之假借，并以示穴中露光以見穿通之義，為
例相同也。頌所從之公為光之假借者，以頌皃
即為光儀，謂有光采表暴，莊子盜跖篇所謂「

面目有光」者是也。虹所從之工為光之假借者，以虹乃昜光與雨氣相映而成，亦有光采也。虹亦名螮蝀者，蝀所從東聲乃蟲之假借，蟲於古音屬宮攝澄紐，東屬邕攝端紐，旁轉相通，故從東聲作蝀。螮蝀者，義謂如帶之蟲。說文赤部云「赨赤色也，从赤蟲省聲」。赨從赤者，猶虹從工聲而為光之假借。赨從蟲聲者，猶虹之從虫。據此是赨正為蝀之本字，而為許氏所未及知者，許氏以赤色釋赨，是誤以引伸為本義矣。以螮蝀義為如帶之蟲，故虹之籀文從申作⿰虫申。良以申為紳之初文（說見文字析義），籀文作⿰虫申者，亦示其形如紳帶之虫也。許氏乃曰「申電也」，是未知申之本義，亦未知⿰虫申所以從申之義，而繆為之說。曾未悟虹霓顯象，不與雷電相連，乃以電釋申，則⿰虫申之從申無所取義矣。鏡者有光可以鑑物，說文以景釋鏡，正以其有光而言。是知鏡從竟聲，亦光之假借也。光與京竟古音同為央攝見紐，同音通借，故自光孳乳為景鏡。光與央㞷往皇同為央攝，故自光孳乳為英瑛⿰鼠㞷及暀煌。廣黃乃光所孳乳，故假廣而爲曠，假黃而爲礦。說文角部觵之俗字作觥，糸部纊之或體作絖，是亦光與廣黃字本同音，古相通作之證也。工公古音同爲邕攝見紐，與央攝旁轉相通，故自光孳乳爲杠、空、頌、紅、虹。叚于俱爲烏攝，與光對轉相通，故自光孳乳爲瑕、騢、鰕，亦自光孳乳爲彎。光與雚、軍、昆、解同爲見紐，雙聲通借，故假雚而爲矔、權，假軍昆而爲煇焜，假解而爲蠏。案楚辭屈原遠遊，及嚴忌哀時命，并有霞字，蓋亦先秦古文而不見於說文及經傳者。遠遊王逸注曰「霞謂朝霞，赤黃氣也」。文選東京賦薛綜注曰「霞日邊赤氣也」。霞亦從赤作赮，文選郭璞江賦云「壁立赮駮」，李善注曰「赮古霞字」。據此是霞從叚聲，與瑕騢之從叚聲，皆示赤色之義，則霞所從叚聲亦光之假借，乃以示其受日之光而顯赤色也。又案日出之倝，以示日之初出高在㫃中，其色赤黃，故自倝而孳乳為赤色之榦。倝殼同為牙音，故自榦而音變為日出赤之䞓。倝與雚同音，倝與叚工解同紐，然則謂黃華木之權，玉小赤之瑕，馬赤白雜毛之騢，魚名之鰕蠏，及陳臭米之粠，帛赤白色之紅，螮蝀之虹，所從雚叚工解諸聲，爲叚之假借，義亦允協。蓋以語言遷易，本有聲韻二途，循言制字，歸軫互異。睽合之較，未能字皆昭焯，是以其爲韻同假借，或爲聲同假借，殊難質言。然必假借構字，俾異形體舛殽，斯則綜攝鋪觀，固成通軌。若借雚以爲權，乃以別於桄鯀，借叚以爲騢，乃以別於駀鶾，亦其明徵也。

原熒

說文高部云「𩫏小堂也，从高省同聲。廎𩫏或从广頃聲」。火部云「熲火光也，从火頃聲」。又云「炯光也，从火同聲」。金部云「鋌銅鐵樸也，从金廷聲」。審諸字所從同頃廷諸聲，并為熒之假借。說文焱部云「熒屋下鐙燭之光也，从焱冂」。考太玄經狩云「熒狩狤狤」，晉范望注曰「熒者光明小見之皃」。文選班固荅賓戲云「守窔奧之熒燭」，注引晉呂忱字林曰「熒小光也」。楚辭王逸哀歲云「鬼火兮熒熒」，注曰「熒熒小火也」。據此是漢人所用熒字義皆為小光小火，與訊文之義相貫而益明顯。以熒為小光，因而孳乳為小聲之謍，小瓜之𤬪，及絕小水之滎，小心態之嫈。通考古殉葬之明器，其制多小於生人之什器，鬼衣而從熒聲作褮者，所以示其小於生人之衣，猶鬼服之鬾而從支聲，亦言其小也。蟲名而曰熒火者，乃謂其腹有小光也（見爾雅釋蟲，後起字作螢。）。據此是從熒聲之字類有小義，故自熒孳乳為小堂之高廎。熲炯而訓光者，乃謂熒熒之小光，當為熒之後起字。鋌從廷聲為熒之假借者，乃示銅鐵之樸熒然有光，猶銅鐵樸石之磺，所從黃聲為光之假借，亦猶玉色之瑩從熒諧聲，皆謂其有光采也。或曰五金鍛為條樸者，金曰鋌，木曰梃，竹曰筳，皆取其長（見元戴侗六書故），是未知鍛金條而曰鋌者，已成純金，未可兼名曰樸，金鋌之名，始見南史梁廬陵王傳，斯乃後起之義，非鋌之本義，而乃云然，是亦謬為強合矣。熒與同頃廷古音同屬嬰攝，故相通假。其作鋌者，蓋避與器名之鎣形義相掍，故假廷而作鋌也。

原交

說文艸部云「莖艸木榦也，从艸巠聲」莖之釋義依段注本訂。牛部云「牼牛厀下骨也，从牛巠聲」。革部云「鞏以韋束也，从革巩聲」。攴部云「敿繫連也，从攴喬聲」。骨部云「骭骹也，从骨干聲」。肉部云「腳脛也，从肉卻聲」。又云「脛胻也，从肉巠聲」。禾部云「稈禾莖也，从禾旱聲。秆稈或从干作」。又云「稾稈也，从禾高聲」。又云「䅌麥莖也，从禾肙聲」。衣部云「裣交衽也，从衣金聲」。又云

「裹纏也，从衣果聲」。尢部云「⿸尢艮行不正也，从尢艮聲」。又云「尲，尲尬行不正也，从尢兼聲」。又云「尬，尲尬也，从尢介聲」。又云「尥行脛相交也，从尢勺聲」。糸部云「約纏束也，从糸勺聲」。又云「繚纏也，从糸尞聲」。又云「繞纏也，从糸堯聲」。又云「繑絝紐也，从糸喬聲」。攷諸字所從聲文，並無所取義，是皆交之假借。說文交部云「交，交脛也，从大象交形」。以交義為交脛，故孳乳為訓脛之骹。絝紐者謂脛衣之紐，交喬同音，故自交而孳乳爲假喬之繑。交與巠見于卻同屬見紐，故自交雙聲孳乳而爲骭腳脛。人之厀骨曰脛，引伸則牛之厀骨亦曰踁，示以革繫牛之踁，故從革作鞕。鞕從見聲者乃踁之假借也。夫二脛相交則不良於行，故自交雙聲孳乳而爲尲尬，疊韻孳乳而爲尡尦。草木之莖麗地直立，亦如人脛，故自交而雙聲通借，於草木則爲莖，於禾則爲稈或秆，同音通借則作稾。干與肙古音同爲安攝，故自秆而孳乳爲麥莖之稍。考肙屬影紐，從肙聲之稍則音轉見紐，蓋稍亦承交聲而孳乳也。交之本義為交脛，引伸則為一切相交之義，故孳乳為木囚之校，及交木然之烄。繩索者乃數股相交而成，故孳乳為竹索之筊，及訓縊之絞。許氏訓衿為交衽，是已明言所從金聲為交之假借也。凡以衣被或繩索繫束，亦必相交纏縛，是以自交而孳乳為鞏敿裹約繚繞。交與金巩果同屬見紐，交與喬堯同為夭攝，勹屬夭攝入聲，二部音近，故相通假。又說文虫部云「蜆縊女也，从虫見聲」。審其為物，吐絲自縣，有類人之縊死，故亦名曰縊女，是其所從見聲則又絞之假借也。蓋斂不從交者，以示別於訓象之效。約繚繞繑不從交者，以示別於訓縊之絞。先民欲求字形互異，以示義訓各殊，此所以有資於假借造字也。

原戈

說文疒部云「痾病也，从疒可聲」。人部云「何儋也，一曰誰也，从人可聲」。案說文可部云「可肎也」，以肎釋可，乃謂可肎皆應許之詞，非以肎之本義釋可也。肎之俗字作肯，邶風終風云「惠然肯來」，唐風有杕之杜云

「噬肯適我」，鄭箋云「肯可也」，是卽肯可雙聲，與可通用之證。痾何從之爲聲，無所取義，是當爲戈之假借。痾從戈聲以示病義，猶疾從矢聲以示病義，皆以示其爲兵器所傷也，引伸則爲一切疾病之義。何從戈聲者，示負戈以從役，曹風候人所謂「何戈與祋」者是也。攷殷絜卜辭有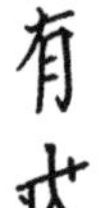諸字，或象箸先之形而作詳見孫海波甲骨文編第八，審其辭義，乃爲方名與姓氏。以其爲方名，故亦從口作見殷虛文字外編三片，彝器有父癸鼎三代二卷四〇葉，戊

彝三代六卷八葉，父癸彝三代六卷二十一葉，父癸罍三代十一卷四十一葉，作凡日壬壺三代十二卷一〇葉，父乙卣三代十二卷四十八葉，父癸卣三代十三卷五葉，父癸罕三代十三卷五十二葉，父癸觚三代十四卷二十九葉，凡日壬觶三代十四卷五十二葉，乙爵三代十五卷二十六葉，夲爵三代十五卷三十二葉，戈三代十九卷七葉。罕商周金文錄遺二八五圖，凡此諸文并隸定為⿱戈儿，象措戈於肩，以示負戈從役之義，於六書乃從儿戈聲，此正為何之本字從戈聲之塙證也。戈可古音同為阿攝牙音，故假可而為痾何。何它古

音同部，故自何而孳乳為負何之佗。佗與詹同為舌音（佗屬透紐，詹於古音屬端紐。），故自佗而孳乳為訓何之儋。佗儋乃何所孳乳之方俗殊語，是以所從它詹二聲亦如識音之字而不兼會意也。何一訓誰者，當以曷為本字。蓋以曷從曰匃聲，以示凡有匃求者，必問其為誰何之意。戈於古音屬阿攝見紐，匃屬阿攝入聲見紐，二字音相切近，故假何為曷。誰於古音屬威攝，自何旁轉則孳乳為誰。誰與訓食餅之⿱孰食同屬禪紐，雙聲通借，故經傳又假⿱孰食為誰。此審之字形，覈之聲韻，可以塙知其訓誰何者，乃以曷為初文。何者曷之假借字，誰者何所孳乳之後起字，孰者又為誰之通借字。以誰為何所孳乳之後起字，故其所從隹聲不兼會意。以何為曷之假借字，故其所從戈聲，亦不以示誰何之義。許氏未知形聲字必兼會意，亦昧於文字孳乳之例，故誤以誰訓何，而以為何之別一義也。

原凷

說文手部云「搰，掘也，从手骨聲」。又云「掘，搰也，从手屈聲」。審搰掘古音同部，乃音義相同之轉注字，許氏以互訓說之，是其義蘊猶未昭徹也。案國語吳語云「狐埋之而狐搰之」，韋昭注曰「搰發也」，其云發者，謂穿地發土，與掘義相同，以故掘搰古相通作。左傳哀二十六年云「掘褚師定子之墓」，釋文曰「掘本或作搰」是也。考易繫詞下云「掘地為臼」，儀禮士喪禮云「甸人掘坎于階閒」，又云「掘肂見衽」，又云「掘四隅，外其壤，掘中，南其壤」。既夕禮云「掘坎南順」。禮記檀弓上云「掘中霤而浴」。左傳文十八年云「

乃掘而刖之」。管子中匡篇云「掘新井而柴焉」，五行篇云「令掘溝澮」，山權數篇云「北郭有掘闕而得龜者」。孟子滕文公下云「禹掘地而注之海」，盡心上云「掘井九軔，而不及泉」。墨子節葬下云「掘地之深，下無菹漏」，備蛾傅篇云「斬城為基，掘下為室」。莊子則陽篇云「卜葬於沙丘，掘之數仞，得石槨焉」。晏子春秋內篇雜上云「噎而遽掘井」，雜下云「令人掘而求之，則五頭同穴而存焉」。國策秦策一云「削株掘根，無與禍鄰」。韓非子揚權篇云「掘其根本，木乃不神」，說林上云「乃掘地遂得水」，內儲說下云「齊使老儒掘藥於馬梨之山」，外儲說左上云「吳王掘深池罷苦百姓」，外儲說右上云「掘井而飲之」。呂氏春秋懷寵篇云「不掘墳墓」，權勳篇云「必剗若類，掘若龍壟」。韓詩外傳卷七云「夫土者掘之得甘泉焉」。淮南子隆形篇云「掘昆侖虛以下地」，覽冥篇云「掘墳墓」，本經篇云「掘地而井飲」，又云「築城掘池」，主術篇云「民有掘穴狹廬所以託身者」，說山篇云

「發屋而求狸，掘室而求鼠」，說林篇云「土中有水，弗掘無泉」，又云「伏苓掘，兔絲死」，人閒篇云「掘藏之家必有殃」，泰族篇云「水之性淖以清，掘其所流而深之」。史記高祖本紀云「掘始皇帝冢」，伍子胥傳云「掘楚平王墓」，田單傳云「燕軍盡掘壟墓」，吳王濞傳云「掘其丘冢」，衞將軍傳云「掘蠱太子宮」，南越尉佗傳云「掘燒先人冢」，酷吏傳云「張湯掘窟得盜鼠」，游俠傳云「鑄錢掘冢」，貨殖傳云「休則掘冢」，又云「掘冢鑄幣」，說苑臣術篇云「掘之則甘泉出焉」，善說篇云「君將掘君之偶錢以補士」，又云「趙簡子將掘君之墓」，新序雜事五云「周文王掘地得死人之骨」，楚辭劉向九歎云「掘荃蕙與射干」，凡此所云之掘，并穿地發土之義也。掘或假闕為之，左傳隱元年云「闕地及泉，隧而相見」，襄二十一年云「闕地下冰而牀焉」，國語吳語云「闕為深溝，通於商魯之間」是也。說者乃謂此所云之闕，皆謂空之，與掘義別見段玉裁說文掘字下注，斯則故為迂曲之論矣。掘之異體或作抇，荀子正論篇云「太古薄葬，故不掘也，今厚葬飾棺，故抇也」。呂氏春秋節喪篇云「葬淺則狐狸抇之」，高誘注曰「抇讀曰掘」，是漢人以抇為掘之異體也。玉篇、廣韻并以掘為羣紐，而以搰抇同音俱屬匣紐，荀子楊倞注音抇為胡骨反，與玉篇廣韻相同，是自梁以後，則以抇為搰之異體。蓋以掘搰古本一字，其後別為二字二音，因於抇字亦有二讀也。審之聲韻，抇乃從訓詞之曰聲，曰於古音屬阿攝入聲，掘搰屬威攝入聲，旁轉相通，故其異體亦作拍。徼之載籍，搰掘俱以發土爲義，非若穿、鑿、抉、擢，可以施之它物也。而其字從骨屈二聲或曰聲，皆無預於穿發，是當爲凷之假借。說文土部云「凷墣也，从土一屈象形。塊凷或从鬼」。搰掘從手凷聲者，以示發土凷之義。凷與骨屈同屬威攝入聲牙音，故假骨屈而作搰掘。凷與圣同屬溪紐，故雙聲轉注而爲圣。說文土部云「汝潁之閒謂致力於地曰圣，从又土」。其云致力於地者，謂用力於土地，亦卽掘埩之義。圣之從又，猶搰掘之從手，圣之從土，猶搰掘之本從凷聲。以搰掘本從凷聲，故其本義為穿地發土，而與圣義相同也。莊子天地篇云「搰搰然用力甚多」，搰搰猶漢書王褒傳之矻矻，俱為勤勞之狀詞。韓非子難言篇云「則見以為掘而不倫」，呂氏春秋去尤篇云「外有所重者，泄蓋內掘」，淮南子說林篇云「所重者在外，則內為之掘」，是又拙之假借。凡此俱為搰掘之假借義，固不得據以非議本義也。凷之或體從鬼聲作塊，鬼與軍同屬見紐，故自凷孳乳為堚。說文云「堚土也，从土軍聲」。䡴從軍聲無所取義，是即凶所孳乳之俗字，葢以凶屬威攝入聲，與䡴屬盈攝音相切近，二字非僅雙聲，是以凶之俗字亦作䡴也。

原金

說文禾部云「稔，穀熟也，从禾念聲」。頁部云「頷，面黃也，从頁含聲」。又云「顑，顑頷，食不飽面黃起行也，从頁咸聲，讀若戇」。黑部云「黚，淺黃黑也，从黑甘聲」。車部云「輨，轂耑錔也，从車官聲」。審諸字所从念含諸聲，并無所取義，是皆金之假借。金之色黃，故孳乳爲黃菳之菳，與黃黑之黔。稔而從金聲者，乃示穀熟之黃，頷顑而從金聲者，乃示面色之黃，猶菳黔之從金聲也。含咸同爲音攝匣紐，頷顑從之爲聲，是當爲一字之異體。段玉裁疑顑爲淺人所增，其說是矣。以頷顑本爲一字，故皆從金聲以示面黃之義。金與念含俱從今聲，故相通假。甘於古音屬奄攝見紐，金屬音攝見紐，旁轉相通，故自金而孳乳爲黚。黚與黔當爲一字之異體，猶頷顑爲一字之異體。金宮雙聲，故自金而孳乳爲鞈，乃以示韍耑所冒之金也。今者是時也（見說文亼部），金從今聲，未兼會意。考之載籍，黃金之產，或含於礦石，或散於河沙，墨子耕柱篇云「昔者夏后開使蜚廉采金於山川」，關尹子六匕篇云「破礦得金，淘沙得金」，固昉二類言之矣。其產於河沙者，率為顆粒，大者如瓜子，世名瓜子金，薄者如麩片，世名麩皮金（見宋周密癸辛雜識續集下），唐李賀詩所謂「赤金瓜子兼雜麩」者是也（見昌谷詩外集，案唐人所謂赤金，即先秦漢魏所謂黃金也。）。以沙金皆為顆屑，故篆文金字於土之左右分注二點以象其形而作金。

案管子地數篇云「金起於汝漢之右洿」，揆度篇云「黃金起於汝漢水之右衢」，輕重甲篇云「楚有汝漢之黃金」，韓非子內儲說上七術篇云「荊南麗水之中生金」，國策楚策三云「黃金珠璣出於楚」，尸子云「清水有黃金」御覽五十八，山海經南山經云「閡水南流注于虖勺，其中多黃金」，郭璞注曰「今永昌郡水出金，如糠在沙中」。西山經云「淒水其中多黃金」，中山經云「漳水東南流注于睢，其中多黃金」。論衡驗符篇云「永昌郡有金焉，纖靡大如黍粟，在水涯沙中，民采得日重五銖之金，一色正黃」。其説與郭璞注山海經相合，此雖漢晉所記，然必創見已古。據此是先秦不乏沙金，而又多產於荊揚之域。尚書禹貢云「淮海惟揚州，厥貢惟金三品」。又云「荊及衡陽惟荊州，厥貢惟金三品」。魯頌泮水云「憬彼淮夷，來獻其琛，元龜象齒，大賂南金」。是可證荊揚之金，久已傳播齊魯，此所以中原製字，亦象沙金之形。夫金之含於礦石者，形無定質，未可肖形造字，故亦不得不象沙金之形也。

以文字孳乳始於象形言之，則金之初文當僅象形。案效父彝云「休王錫效父●●三，用乍氒寶隮彝」（三代六卷四十六葉）。其云「錫效父●●三」者，乃謂錫效父以黃金三鎰或三斤也。㑅高卣云「王易㑅高●●，用乍彝」（三代十三卷三十葉），謂王賜㑅高以金，用作彝器也。又案成周王鈴之鈴作（三代十八卷十一葉），所從之與效父彝㑅高卣之●●，俱象沙金之形。又若則於金文作（三代十卷一葉則白簋）、（三代十卷三○葉則朿簋），或（三代六卷四十三葉則卣彝），貝下所從之○○與ㅁ亦即效父彝之●●，從貝復從○○者

，以示等畫金貝，猶則之古文作𠟭（見說文刀部），從二貝者，亦以示等畫財貨也。其作者，貝上乃象貫錢之形，凡此正爲金之古文僅爲象形，而見於西周彝器者。其後始益土爲形，復增今以諧聲，因之以分注土之左右，而成篆文之金。審此則金之初文作，猶罔之本字作网（見說文网部），𡯁之本字作尢（見說文尢部），其從亾聲而作罔，從㞷聲而作𡯁者，乃网尢之後起俗字，其從今聲而作金者，亦之後起俗字。若斯之比，凡其諧聲，唯識音讀，而不兼會意，此所以

金從今聲亦不兼會意也。說彝銘者未知為金之古文，乃釋為貝見吳式芬攈古錄卷二之二第四葉，厥後劉心源吉金文述、近人吳闓生、于省吾，并遵其說。，或釋為仌見郭某兩周金文辭大系考釋九十五葉，或釋為鄖見夢坡室獲古叢編卷四，或疑為謝見柯昌濟韡華閣集古錄跋尾己篇十六葉，或釋為劃見攈古錄卷二之一第四十一葉，吳榮光筠清館金文三卷四十五葉。，是皆未知文字孳乳及貿遷之迹，而妄為之說也。或疑為則見吳雲兩罍軒彝器圖釋七卷十五葉，而未言其構體，斯亦臆度而幸中者矣。夫領從含聲，含乃金之假借，是其本字當作鎮，而說文別有訓低頭之鎮者，則其

所從金聲乃柬之假借，故不承金義而孳乳也。